당당한 미래를 열어라

세상을 바꾸려는 여성노동자들

당당한 미래를 열어라
세상을 바꾸려는 여성노동자들

이철순 지음

삶이 보이는 창

당당한 미래를 열어라__세상을 바꾸려는 여성노동자들

| **초판 1쇄 인쇄** | 2007년 4월 8일 | **초판 1쇄 발행** | 2007년 4월 11일
| **펴낸곳** | 도서출판 삶이 보이는 창 | **편집인** | 박일환 | **편집주간** | 김영숙 | **편집부** | 엄기수 · 박광수
| **등록번호** | 제18-48호 | **등록일자** | 1997년 12월 26일 | **주소** | 150-820 • 서울시 영등포구 대림 1동 929-5 2층
| **전화** | 02)848-3097 | **팩스** | 02)848-3094 | **홈페이지** | www.samchang.or.kr
| **값** | 8,000원 | **ISBN** | 978-89-90492-44-9 | ⓒ **이철순, 2007**

차례

여는 글

작년 여름, 중국 상해는 유난히 더웠다.

내가 묵었던 아파트에서 산책을 하려고 나오면 여러 나라의 언어가 뒤섞여 들렸고 각각의 그룹들은 자신들의 말로 의사소통을 하고 있었다. 지구촌이 연상되었다. 이들은 자국의 기업에서 이곳 지사로 파견되어 와서 얼마동안만 살다가 돌아갈 사람들이리라. 나는 이들 속에 있으면서 다시 한번 자본의 지구화를 느낄 수 있었다. 그러면서 나는 내가 경험하고 느낀 이야기를 모아 세상의 동지들과 나누어야 겠다는 의무감으로 이 작업을 시작했다.

지난 17년간 나는 여러 나라를 방문하면서 참으로 많은 사건과 소중하고 아름다운 사람들을 만났다. 길을 닦고 열어가는 세상에서 가장 아름다운 사람들, 이들이 겪고 있는 어려움, 그 어려움을 뛰어넘으려는 노력과 마주쳤다. 특히 무에서 유를 만들어가는 여성들의 몸부림, 세상을 움직이는 큰 힘을 만들어낸 우리 위대한 여성들의 이야기를 이 책에서 독자 여러분과 나누고 싶었다.

세월이 흐르다 보면 봄이 오고 가을이 오듯이 언젠가는 혼돈의 사회가 투명해지지 않을까 하는 기대를 가져본다.

이 책이 나오기까지 나에게 힘을 주시고 여러 모로 도와주신 박민나 작가와 박수정 작가, 그리고 일하는여성아카데미 동료들에게 감사드린다. 특히, 선뜻 출판을 결정해주신 〈삶이 보이는 창〉 출판사 박일환 대표님께 감사드린다. 항상 열심히 노력하는 사람들과 함께하고 있는 출판사에서 이 책을 펴내게 되어서 더욱 기쁘다.

　끝으로 이 책에 들어있는 정보가 독자 여러분에게 도움이 되기를 기대한다.

2007년 따뜻한 봄날

이철순

추천사

정현백 성균관대 사학과 교수

『당당한 미래를 열어라』는 학자에 의해 저술된 여느 서적과는 다르다. 여기에는 지난 30여 년 동안 여성노동자의 권익과 인권을 지키는 일에 헌신해왔고, 노동운동가로서는 드물게 국제연대 활동에 남다른 열정을 보여 온 저자의 관심과 다채로운 경험세계가 녹아 있다. 이 책은 간명하고 이해하기 쉽게 서술되어 있다. 여성노동자 교육에 전념하고 있는 저자가 그들에게 쉽게 다가갈 수 읽도록 집필한 책인 것 같다. 그러면서도 이 책에서는 여성노동운동이나 여성운동의 국제연대에서 저자가 만난 다양한 사람들과 그들의 생생한 목소리가 녹아 있어서, 다른 책들과는 또 다른 흥분 속에서 읽을 수 있다.

『당당한 미래를 열어라』의 관심은 세계의 여성운동이 어떤 뿌리에서 시작하였는지, 여성노동운동은 어떻게 독자적으로 성장하였는지를 설명하는 데서 출발하였다. 특히 여성운동과 여성노동운동에 대한 이 책의 서술이 행한 중대한 기여는 이런 주제를 제3세계나 여성노동자의 시각에서 바라보고 있다는 점이다. 동일한 여성주의 이슈가 제3세계나 빈곤국의 여성에게서는 어떤 방식으로 드러나는가를 절절하게 묘사하고 있다. 그러기에 이 책은 평생 재산을 모았으나 재산권도 행사할 수 없고, 가정폭력에 시달리고, 인신매매의 피해자가 되고, 할례로 죽어가고 있는 여성들의 모습을 생생하게 알리고, 또 다른 여성운동, 즉 여성노동자운동이나 제3세계 여성운동을 전개할 것을 요구한다.

『당당한 미래를 열어라』가 가장 관심을 두는 것은 당면한 문제 인 세계화와 그것이 수반한 여성노동자의 현실이다. 그래서 이 책 은 세계화가 전통적인 성별분업을 토대로 여성에 대한 차별을 강 화하는 과정을 인도, 말레이시아, 인도네시아, 필리핀, 멕시코 등 세계 각지에서 발견해낸다. 이를 통해서 "여성의 중요한 적은 남 성우월주의(가부장제)이며, 또 하나는 자본을 중심으로 하는 신자 유주의"임을 천명하고, 이런 양면의 적에 대한 세계 곳곳의 여성 투쟁을 생생하게 묘사하고 있다. 우리는 흔히 '지구적으로 사고 하고, 지역적으로 행동하라(Think globally and act locally)'는 슬 로건을 주장하지만, 사실 간간이 받고 있는 인터넷을 통한 정보 외에는 제3세계의 여성 현실을 제대로 알지 못한다. 그러나 이 책 은 우리에게 추상적인 제3세계를 현실로 다가오게 한다.

『당당한 미래를 열어라』에서 우리가 받을 수 있는 가장 귀한 정 보는 세계 각지에서 벌어지고 있는 신자유주의에 저항하는 반세 계화투쟁에 관한 세세한 정보이다. 단지 투쟁하는 것이 아니라, 삶의 대안을 찾아가는 운동에 대한 정보는 우리에게 새로운 전략과 대안을 모색하는 계기를 마련해준다. 선진국과 남미, 아프리카 여성들이 함께 참여한 외채탕감운동, 브라질의 무토지운동, 이탈리아 주부노동조합운동, 유럽 여성의 '깨끗한 옷 입기' 캠페인, 한국의 가정관리사협회운동, 노동자가 주체가 된 윤리강령채택운동, 공정무역네트워크 등이 바로 그것이다. 이 책을 통해서 우리는 새로운 희망과 대안을 찾는 운동을 향한 힘찬 발걸음을 내디딜 수 있을 것이기에, 독자에게 필독을 권유하고 싶다.

마리아, 무상無常을 넘어

홍희담 소설가

1973년 봄이었던가.

단발머리, 청바지, 남방, 화장기 없는 얼굴. 마리아가 내게 최초로 다가왔을 때의 풍모다. 이 풍모는 한 번도 변하지 않는다.

어떤 얼굴은 그 시대의 기호다. 가령 〈태양은 가득히〉의 알랭 들롱의 우울한 얼굴은 도시 빈민의 슬픔을 나타낸다. 달라이 라마의 어딘가 초연한 듯한 얼굴은 영성을 드러낸다. 국가와 민족을 위한다고 떠들어대는 대부분의 정치인 얼굴에서 권력의 탐욕을 읽을 수 있다.

기호를 나타낼 수 있는 얼굴은 긍정적이든 부정적이든 한 가지 일에 일생을 바친 사람들이다. 그런 의미에서 마리아(철순)의 얼굴은 노동자를 위해 헌신한 기호다. 그런 얼굴의 기호가 나의 삶에 지대한 영향을 끼친 것은 1980년 5월 광주항쟁이 일어난 이후다.

인간의 존엄성이나 가치 기준이 가차 없이 무너진 폐허 속으로 먼저 달려온 것은 마리아였다. 적지 않은 자금(?)을 내놓으면서 마리아(철순)는 심상하게 말했다.

"성님. 밥이라도 든든히 먹어야 돼."

그 상황에서 밥을 찾아 먹는 것이 죄스럽고 부끄러웠는데, 어쨌거나 밥을 먹었다. 그 전까지는 기분 내키는 대로 밥을 먹다 말다 했었는데, 그 이후로 나는 어떤 모진 일을 겪어도 밥을 먹는다.

광주항쟁에서 보았던 노동자들과 무산자들의 힘이 나의 삶을 바꾸어놓기 시작했다.

　지금도 나의 소녀 시절을 떠올릴 때마다 가슴이 서늘해지곤 한다. 내가 다니던 여학교는 청계천에서 한 블록 떨어진 곳에 있었다. 바로 길 건너편에 내 또래의 청소년들이 허리를 펼 수도 없는 막장 같은 작업장에서 18시간을 일한다는 현실을 나는 꿈에도 생각지 못했다. 『전태일 평전』을 읽으면서 얼마나 울었는지 모른다. 나는 꿈 많은 소녀 시절을 누리고 있었다. 희고 긴 손가락으로 쇼팽을 치는 음악 선생을 남몰래 연모했고, 톨스토이, 헷세, 호머, 괴테를 사랑했다. 기독교 신자이면서 미사 베일이 이뻐서 공연히 성당에도 가 보고 꽃미남 스님의 허무한 눈빛이 보고 싶어서 산사를 찾기도 했다. 이런 나를 두고 친구들은 내면에 무엇인가가 있다고 동경하기도 했다.

　있기는 무엇이 있었겠는가. 허위의식이나 깊은 허무주의뿐이었다. 이런 것이 깨지기 위해서는 신산한 경험이 필요했다.

　내가 얼마나 때가 묻었는가를 겸허하게 인정했다. 내 감성은 허위였고 환상이었지만 보이지 않았기에 또 그만큼 강했다. 적당한 것으로는 깨지지 않는다. 광주항쟁과 더불어 새롭게 내 삶에 드릴같이 파고 들어온 마리아(철순)들의 힘만이 깨지게 할 수 있었다.

　그들의 팔을 잡고 조금씩 일어섰다. 조금 기운을 차렸을 때 「깃발」을 썼다. 그 작품은 나를 일으켜 세운, 일하는 사람들의 찬가다. 마리아(철순)로 상징되는 노동자들이 나의 삶의 전환점 역할을 했다면 '무상함'은 나의 삶을 관통한다. 관통하는데도 인정하지 않았다.

붓다가 설파했고, "헛되고 헛되고 헛되도다"라고 솔로몬도 매몰차게 읊조렸다. 하지만 나는 석양이 지는 것을 눈을 똑바로 뜨고 보지를 못한다. 무상함을 어떻게 보겠는가. 꽃이 피고 지는 것을 어떻게 본단 말인가. 사랑하는 사람들이 변하는 것도 견딜 수 없다. 내가 변하는 것도 용서할 수 없다. 무상하지 않은 그 무엇이 내 안에 들어오니 무상한 지옥불에 떨어져서 신음했다.

그리고 찾았다. 무상을 넘은 곳에 무상하지 않은 그 무엇인가를. 잘 알 수는 없지만 분명히 있다. 그 무엇을 보여주는 사람들이 나를 변화시켰다. 붓다, 예수, 크리슈나, 불멸의 스승님, 또는 삶의 존엄성을 부르짖는 전태일.

그리고 나는 조심스럽게 마리아(철순) 이름을 여기에 넣는다. 마리아(철순)가 추구하고 일하고 가치를 두었던 곳. 변하지 않는 그 무엇을 보여주는 마리아가 곁에 있기에 세상은 살 만하다. 무상하지 않은 그 무엇이 내 안에 들어오니 무상한 세상을 당당히 걸을 수 있다.

변하지 않는 그 무엇을 향해 오늘도 고요히 앉는다.

제1부

세계의 여성운동

여성운동의 뿌리
여성운동의 공통 주제
여성노동자운동의 사례
여성운동의 전망

여성운동의 뿌리

1. 왜 여성운동인가?

우리 모두에게는 각자 살아온 역사가 있다. 여성운동은 그 여성 개개인의 역사 속에 존재한다. 여성운동의 뿌리를 이야기하기 전에 나의 운동이 어떻게 시작되었는지 함께 나누고 싶다.

1984년, 필리핀 모 대학에서 사회사업을 공부할 때 인도 학생들이 중심이 되어 개최하는 세미나를 알리는 벽보를 보았다. 주제는 가부장(Patriarchy)이었고 토론자로 다른 나라의 학생들이 많이 포함되어 있었다. 나는 별 의미 없이 이 회의에 참석하게 되었고, 몇 명의 토론자들이 각자의 경험을 중심으로 증언을 했는데, 다음과 같은 내용이었다.

> "내가 이 세상에 태어났을 때 우리 가족은 기뻐하지 않았다고 들었다. 가족들은 내가 아들이기를 바랐다."
>
> 남아 선호 ; Son Preference
>
> "내 형제(Brother)들은 음식을 요구할 수도, 그리고 그들의 손을 뻗쳐 그들이 원하는 것들을 가질 수 있지만, 우리 자매와 어머니는 그들이 다 먹을 때까지 기다리다가 그들이 먹고 남은 것을 먹게 된다."
>
> 소녀에 대한 음식 차별 ;
> Discrimination against girls in food distribution
>
> "나는 엄마의 집안일을 도울 것을 요구받는다. 그러나 나의 형제들은 그렇지 않다."
>
> 여성과 소녀에게 가사노동의 짐 ;
> Burden of household work on Women and girls

"나는 상급학교에 보내 달라고 몸부림쳤으나 아버지는 여자 아이는 공부할 필요가 없다면서 나를 상급학교에 보내지 않겠다고 하셨다."

여성에게 교육의 기회가 막힘 ;
Lack of Educational opportunities for girls

"우리 아버지는 자주 엄마를 때리신다. 아버지는 여자들은 자주 맞아야만 정신을 차린다고 말씀하신다."

가정 폭력 ; Wife-battering

"나는 상사의 요구를 거부했다고 직장에서 쫓겨난 적이 있다."

직장에서의 성희롱 ; Sexual harassment at Work

"나는 아버지의 재산을 상속받을 자격이 없다. 남편의 재산도 내 것이 아니고 사실 내가 살고 있는 집도 내 것이라고 할 수 없다."

여성에게 재산 상속과 소유의 자유가 없음 ;
Lack of Inheritance or Property Rights for Women

"나는 남편에게 가족계획을 할 것을 요구하고 그가 수술하든지 콘돔을 사용하기를 요구했으나 그는 반대했을 뿐만 아니라 내가 수술을 받겠다는 것도 허락하지 않았다."

임신과 출산의 권리가 없음 ;
No Central over of Reproductive Rights

이러한 각자의 경험을 통해 우리는 이미 우리 스스로도 모르는 가운데, 온갖 차별에 대한 저항을 어떤 형태로든지 하고 있다는 것을 발견하고 확인할 수 있었다. 그리고 종속관계는 몇몇 행운 없는 여성들에게만 있는 것이 아니라는 것도 알게 되었다.

또 실비아 월비(Sylvia Walby)의 책 『가부장제론과 사회구조, 남성지배적 행위와 여성종속(Theorizing Patriarchy Call as a System of Social Structures & Practice in Which men dominate, Oppress

& Exploit Women)』을 통해 내가 생각했던 생물학적인 개념, 남자와 여자는 본래부터 몸의 상태가 다르므로 각기 다른 역할이 주어졌다는 사실을 깨닫게 되었다. 실비아는 "개개인의 남자는 항상 지배하는 위치에 있고 모든 여자들은 그 종속관계에 있다"고 말했다. 이에 공감한다. 그 예로 남아시아에서 남편들에게 쓰는 말 Swami, Shayhar, Pati, Malik 등은 모두 "주인(Ruler and Owner)"이라는 뜻을 담고 있다.

나는 또 실비아의 계급론에서 "가정주부는 생산직 노동자이고 남편은 이를 수용하는 계급이다"라는 말에 공감을 표한다. 이 말의 의미는, 즉 주부들은 매일매일 되풀이되는 일에 매여 허리가 부러질 지경인데 가사노동은 노동으로 인정되지 않기 때문에 주부들은 남편들에게 의존할 수밖에 없음을 의미한다. 남자들은 여성의 노동을 집 안뿐만 아니라 집 밖에서까지 좌지우지하고 있다. 그리고 집 밖에서의 여성들은 높은 임금을 받을 수 있는 직장과 지위가 많이 제한되어 있다. 결국 여성들은 어쩔 수 없이 저임금에 자기들의 노동을 팔 수밖에 없다는 것이다.

이런 말들은 나에게 많은 질문을 던졌고, 그 의문을 풀기 위해서 나는 여성운동과 인연을 맺게 되었다.

2. 세계 여성운동의 뿌리

역사적으로 볼 때 여성들은 자기들의 억압적인 현실에 대해 어떤 방식으로든 저항해 왔다. 19세기의 여성인권운동(Women's Rights Movement)은 여성의 해방과 새로운 공화국의 구조 변화를 목표로 삼았다.

메리 울스턴크래프트(Mary Wollstonecraft)는 1792년 처음으로 남성의 우월주의를 꿰뚫어 보고, 굴종 상태에 묶여 있는 여성을 교육 개혁을 통해 무지에서 자유롭게 해야 한다는 주장을 자유주의 여성운동의 간행지인 『여성의 권리옹호(On the Vindication of the Rights of Women)』에 실었다.

또한 19세기의 여권운동은 모든 사람이 평등하다는 원칙 하에 그들 스스로 여성의 노예적인 현실 자체를 폐지하는 것으로 방향을 잡았다. 그리고 이들은 갖은 욕설과 육체적인 폭력에도 굴하지 않고 노예제도 반대운동을 전개해 나갔다.

그 시대에는 여성들이 대중의 지도자가 되는 것 자체가 금지되어 있었고, 모든 지도력과 대중의 힘도 남성들에 의해 장악되어 있었다. 다음의 한 예가 이를 잘 말해 준다.

1940년 런던에서 세계 노예제 반대 운동 대표자들의 회의가 있었는데, 참석한 여성 대표들에게 발언할 기회를 주지 않았을 뿐만 아니라 회의장에 들어와 앉는 것조차 금지했다.

이때 대표로 참석했던 여성운동가들 중 엘리자베스 카디 스탠턴(Elizabeth Cady Stanton)과 루크리시아 모트(Lucretia Mott)가 발코니에서 만나 긴 이야기를 나눈다. 8년 후인 1848년, 이 두 사람은 여권 회의를 소집하는 데 주요 역할을 해 뉴욕의 세니카폴스(Seneca Falls)에서 열린 여권 회의(Women's Rights Convention)를 주재하게 된다.

이 역사적인 여권 회의에서 엘리자베스와 루크리시아는 역사적인 '세니카폴스 선언문(Seneca falls Declaration)'을 발표한다. "모든 남자와 여자는 평등하게 창조되었다. 그러므로 자유와 행복을 누릴 수 있는 권리가 여성에게도 있다. 여성은 누구에게도 종속될 수 없다" 등의 내용이었고, 이들은 이 회의에서 평등을 위한 활동 강령을 세운다. 이때에 가톨릭교회에서 이들을 옹호하고 나서서 여성 참정권을 반대하는 자들과 맞서 싸웠다. 결국 1920년 미국에서 여성 참정권을 인정하기에 이르렀고, 중산층 이상의 백인 여성과 단체 회원들은 "우리들의 동등권 투쟁이 이겼다"고 선언했다.

나아가 소수이기는 하지만 선진적인 여성들이 "여성의 투표권 확보는 우리의 투쟁에서 아주 작은 것을 얻은 것이다. 우리들은 아직도 법적인 것 이전에 직업과 종교 내에서, 그리고 가정에서 남성의 종속관계로 남아 있다"며 이 모든 것의 쟁취를 위하여 투쟁할 것을 선언했다.

이후 남태평양 지역에서 여성 참정권 확보를 위한 투쟁의 바람이 일었고, 1918년 캐나다를 시작으로 회교도 지역 국가 등으로 이어져, 1970년대까지 100여 개가 넘는 국가에서 여성 선거권이 허용되기에 이른다.

한편 이 시기에 아시아 지역에서는 나라의 독립과 자주적인 국가를 찾기 위해 여성들이 대거 투쟁에 나섰다. 홍콩의 여성신학자 곽 푸이란(Kwok Pui Lan)에 의하면 이때 여성들이 민족해방운동에 동참하여 적극적으로 활동한 것은 그간 전통적으로 금지되어 왔던 부분에 대한 여성들의 새로운 사회적 역할을 보여준 것이라고 한다.

19세기의 선진국 여성운동은 법 개정에 그치지 않았다. 그들은 여성 평등을 중심으로 한 법 개정과 새로운 법안을 만들어 냈고 상속의 권리, 모든 소녀들에게 평등한 교육의 권리 등 여성과 연소 근로자의 보호법 등을 확보해 냈다.

3. 또 하나의 여성운동

18세기 영국에서 시작된 산업혁명은 여성을 전에 없던 착취 속으로 몰아넣었다. 여성들은 그들의 전통적인 일인 가사노동과 아이를 키우는 일에서 놓여나지 못한 채, 비인간적인 작업장에 떠밀려 넣어졌다. 이러한 상황은 여성들이 집 안에서 나와 다른 여성들을 만나면서 억압에 대한 공동의 이해와 공통점을 찾게 되는 계기가 되었고, 그들에게 단결된 힘의 필요성을 일깨운 현장이 되기도 했다.

19세기 중반 방직공장에서 일하는 노동자 중 23%만이 남성이었고 나머지는 여성과 어린 노동자였다. 이들의 임금은 남성노동자들의 반밖에 안 되는 수준이었다. 그리고 미국에서는 노동자들 중 75%가 이민(외국인)노동자였는데, 이들은 극심한 인종차별에 시달리면서 미국인보다 적은 임금을 받고 비참한 생활을 유지해야만 했다. 특히 흑인들에 대한 차별과 착취가 심했는데 그들은 오직 농장과 식모(시혜)노동자로만 고용되었다. 뒤늦게 공장에서 이들의 고용을 허용했지만 가장 위험하고 힘든 일에 배치되었다. 또한 그들이 받는 임금은 백인 노동자의 1/3에 불과했다.

흑인 여성들은 이러한 현실의 아픔을 그대로 간직하고 있지만은 않았다. 그들은 각 지역에 단체를 조직했고, 이후 '전국 흑인 여성회(National Colored Women)'를 구성하여 남미주에서 백인 인종차별주의자에게 구타당한 흑인 문제를 항의하기 시작했다. 당시에는 인종차별주의자들에 반대하는 목소리를 내면 죽임을 당하는 상황이었다. 흑인 여성들이 시작한 이 운동으로 방직공장에서 일하는 백인 여성들이 노예 사회를 반대하는 모임을 결성하여 그들과 함께 반대운동을 시도했다. 탄원서를 제출하고, 노예 폐지

운동을 돕기 위한 기금 마련 운동을 전개하는 등 흑인 여성들의 운동을 적극 돕고 나서면서 확대되었다.

그러던 중 흑인과 백인이 함께 참여하는 단체를 조직하게 되었는데, 이것이 바로 '세계산업노동자동맹(Industrial Workers of the World ; IWW)'이었다. 이후 이 단체는 '여성노동조합(Women's Trade Union)'으로 사람들에게 잘 알려졌는데 엘리자베스(Elizabeth Currey Flynn)라는 아일랜드 출신의 여성이 중요한 역할을 했다.

그 후 IWW는 역사에 남을 만한 파업을 주도해 나갔는데, 그 중의 하나가 1912년의 로렌스 파업(Lawrence Strike)이다. 이때 엘리자베스는 여성 대표로 활약했다. 2만 3,000여 명의 여성노동자들이 참여한 이 파업은 IWW가 남성노동자들의 부인들(지역 주민)을 조직하여 합세시킨 첫 번째 시도로서, 성공적으로 끝이 났다. 그리고 또 하나 중요한 사실은 이들이 노동 조건뿐만 아니라 여성운동단체에서 요구하는 여성 전체의 문제인 '참정권'을 요구하면서 이 운동을 서로 접목시켰다는 점이다.

이 투쟁에서는 임산부가 아이를 유산하고, 한 어린 노동자가 죽었으며, 600여 명의 여성노동자가 구속되고, 100여 명이 부상을 당했다. 2개월에 걸쳐 진행되는 동안 처음으로 여권운동가들이 합세하여 노동자운동을 적극 지원한 투쟁으로도 잘 알려져 있다.

19세기 영국은 선거권과 교육이 남성들의 특권이었는데, 여성뿐 아니라 저소득층(Working class) 남성과 교육을 받지 못한 이들에게도 선거권을 주어서는 안 된다는 주장이 일기 시작했다. 이에 전체적인 분위기가 술렁거릴 무렵 미국에서 여성들을 중심으로 '전미여성참정권운동연맹(The National Women's Suffrage Association ; NAWSA)'이 조직되어, 로비와 대규모 집회를 통한 청원서 전달, 그리고 대중 강연 등을 통해 여성 투표권 확보를 위한 의식 교육 운동을 전개했다. 그런데 이 단체의 구성원 다수가 중류층 백인이었고 이들 중에는 인종차별주의자들도 있어서 이민 여성들과 인종차별주의자들과의 마찰이 일어나기도 했다. 때문에 흑인 등 이민 여성들이 이 회의에 참가하는 것을 달가워하지 않았다. 하지만 저소득층은 이민 여성들을 환영했고 함께 운동을 전개해 나갔다.

저소득층 여성들은 사회주의 여성운동가들과 가까이 했고, 1907년 처음으로 저소득층 여성들의 국제대회가 독일 슈투트가르트(Stuttgart)에서 열리게 되었는데, 이 자리에서 공산주의자로 잘 알려져 있는 독일의 클라라 체트킨(Clara Zetkin)은 연설을 통해 여성노동자들이 참정권 운동에 소극적인 것에 대해 비난했다. 그리고 그는 여성노동자들에게 "우리 모두는 의무적으로 참정권 운동에 참여해야 한다"고 강조했다. 클라라 체트킨은 유럽 중심으로 여성노동자들을 조직하여 연결하는 데 중요한 역할을 했고, 여성노동자들을 노동조합으로 조직하도록 도와주는 유일한 사람이었다.

4. 역사적인 3 · 8대회

1908년 3월 8일, 수만 명의 방직공장 여성노동자들이 미국 룻거스 광장(Rutgers Square)에 모여 10시간 노동제, 안전한 작업환경과 모든 이에게 참정권을— 성, 인종, 재산, 교육 수준 등과 관계없이 모든 이들에게 투표권을— 주어야 한다고 요구한 역사적인 투쟁이 있었다.

여성노동자들은 NAWSA 회원의 반노동자성을 폭로하고 이들을 이주민에 대한 인종차별주의자들이라고 규정했다. 따라서 이들과는 함께 운동할 수 없음을 결의하고 1910년 '여성노동자 참정권 쟁취위원회'를 조직했다. 한편 이런 여성노동자 대투쟁에 힘입어 체트킨은 미국 사회주의 여성들과 여성노동자(IWW)들에게 제2차 여성운동가들의 대회를 가질 것을 요청하여, 1910년 3월 8일에 덴마크 코펜하겐에서 대회를 갖게 된다. 그리고 바로 이날의 여성노동자 대투쟁을 기념하여 3월 8일을 '세계 여성의 날'로 정하도록 결의하게 된다.

그 이후 여성들의 연대 운동이 눈에 띄게 활발해졌음을 볼 수 있다. 1914년 제1차 세계대전 때에도 여성들은 거리로 쏟아져 나와 전쟁 반대와 부족한 음식과 물량 강화에 대해 항의하고 물가 안정을 요구하는 대투쟁을 전개해나갔다. 1915년 멕시코와 노르웨이에서, 1917년 이탈리아에서, 1918년 오스트리아에서, 그리고 1936년 3월 8일 스페인에서 수천의 여성들이 군부 독재 정권을 반대하는 투쟁을 벌였다. 1943년 3월 8일 이탈리아에서는 수많은 여성들이 파시스트 무솔리니를 반대하는 대규모 투쟁을 벌였고, 1974년 3월 8일 베트남에서는 수천의 여성 베트콩들(Long-haired army)이 미국 침략에 반대하는 투쟁을, 1979년 3월 8일에는 칠레에서 군부 정권을 반대하는 대규모 규탄대회를, 1981년 이란에서는 5만 명이 넘는 여성들이 3월 8일 대회에서 '부르카(burqa:여성들이 머리와 얼굴을 싸매는 것 ; 모든 여성들이 이것을 쓰도록 회교에서 법규로 정해져 있음)'를 반대하는 대규모 투쟁을, 1988년 카브리엘라(Cabriela)라는 필리핀의 한 여성단체연합을 중심으로 독재 정권을 타도하는 촛불 행렬을 3월 8일 대회에서 갖는 등 세계적으로 3·8 기념대회가 계속 이어져 갔다.

"만약 우리 여성들이 생활비를 벌기 위해서 집 밖으로 나갈 수 있다면, 만약 우리가 남성들과 동등한 일을 하고 같은 임금을 받을 수 있다면, 만일 여러분이 여러분의 조직을 만들어 노동조합에 들어갈 수 있다면, 그리고 산전·산후 휴가와 탁아소 시설에 어린 아이를 맡길 수 있다면, 우리가 공부할 수 있는 기회가 있고 우리 중의 누가 의사, 박사, 법관, 전문기능직, 그리고 교수가 될 수 있다면, 우리가 재산을 상속받고 우리의 이름으로 가질 수 있다면, 오늘날 우리가 모든 투표에 참여할 수 있다면, 우리가 정당과 공공기관에 들어가기 위해 경쟁할 수 있다면, 우리에게 우리의 성(Sexuality)과 수태를 조정할 결정권이 있다면, 이것 모두는 바로 우리들의 어머니와 할머니들의 피나는 투쟁이 있었기 때문입니다."

1910년 코펜하겐에서 열린 3·8 대회에서 역설한 한 여성노동운동가의 말을 상기하며 이것이 바로 3·8 투쟁의 진정한 의미였음을 생각해 본다.

5. 또 다른 목소리

소저너 트루스(Sojourner Truth)는 1851년, 제2차 미주 여권 대회에서 "나는 여자가 아닌가?"라는 질문으로 흑인 여성으로서는 처음으로 말문을 열었다. 소저너의 말을 계기로 흑인들은 용기를 내어 '여성은 처음부터 약자로 만들어졌다'고 주장하는 남성우월주의자뿐만 아니라 인종차별주의 백인 여성운동가들까지 비난했다. 그리고 백인 여성운동가들 스스로가 인종차별주의에 일정한 책임이 있음을 인정하라고 다그쳤다. 많은 백인 여성운동가들이 노예제도 폐지 운동에 적극 참여했으나, 그렇지 못한 사람들도 많았다. 이 논란은 19세기에 더 치열하고 혼란스럽게 진행되었는데, 20세기에 와서는 가능하면 서로 민감한 논란을 피하려고 했다. 하지만 인종차별 문제는 여성운동 안에서 극복해 나아가려는 노력이 계속되었다.

'흑인인 나는 여자가 아니라는 것이냐'는 물음에 백인 여성운동가들은 말문을 열지 못했다. 백인 문화의 영향을 받은 여성들이 중심인 여성운동에서 인종차별을 인정하도록 주장하는 것은 참으로 어려운 일이었다. 그러나 이 대회에서는 아프리카·미국·중남미의 여성들, 미주의 원주민, 아시아계 미국인 등이 대거 참여했기 때문에 이 문제를 거론할 수 있었다. 이들이 당하는 인종차별 문제와 인권 문제가 미국 여성운동에서 빠져 있었음을 말해주는 대목이다.

제니 본(Jenny Bourne)은 "나는 인종차별을 반대하는 운동이 여성운동 밖의 것이라고 보지 않는다. 이 문제는 여성의 차별 문제와 같고 여성운동의 기초로 삼아야 한다"고 했다. 1979년 미국 여성학회 연합회의에서 바바라 스미스(Barbara Smith)는 "여성운동은 정치적 논리이다. 그러므로 이를 실천하는 여성운동은 모든 여성, 즉 인종, 피부색을 넘어서 여성노동자 계급의 문제, 가난한 여성의 생활, 여성 장애자, 동성애자의 권리, 노인 문제, 그리고 백인과 경제적인 특권층에 있는 여성 모두를 위한 것이어야 한다. 어떠한 경우에도 이보다 낮은 비전은 전체의 자유를 위한 여성운동이라고 볼 수 없다"고 피력했으며, 이러한 시도들은 미국에서 1851년부터 진행되어 왔고 지금까지도 계속되고 있다. 이는 여성운동가들에게 여성 억압의 근본적인 이유를 분석하는 데 큰 영향을 주었다.

6. 세계 여성의 해 선포
International Women's Decade ; IWD

1975년 역사상 최초로 국제정상회의 협의 항목에 '여성'의 문제가 들어가게 되었다.

UN은 1975년 6월 멕시코시티에서 133개국의 대표들이 참석한 가운데 정상회의를 갖게 되었는데, 이 자리에는 세계 여러나라에서 온 7,000여 명의 여성들이 참가했다. 세계여성대회는 같은 날 같은 장소인 멕시코시티에서 '여성 평등'이라는 주제로 진행되었다. 각 나라 대표자 정상회의와 세계여성대회가 동시에 열린 것이다.

UN 정상회의에서는 여성이 세계 발전과 평화에 이바지했음을 인정하고 '세계 여성의 해'를 선포하기에 이른다. 또한 세계여성대회에서는 그 동안 여성들의 투쟁의 성과를 기념하고 여성들의 현실을 폭로하는 운동을 계획하는 모임을 갖게 되었다. 이는 모임 그 자체만으로도 의미가 충분히 있었고, 지금껏 여성에 대한 의식화를 최고로 불러일으킨 사건이기도 했다. 처음으로 전 세계 여성들이 한자리에 모여 정치와 문화, 각기 다른 경제 구조들 속에서의 여성 억압의 공통점을 확인했고, 또한 선진국 여성들에게는 자신들의 나라가 세계에서 얼마나 경제, 정치, 문화적으로 지배적인 위치에 서 있는가를 볼 수 있는 계기가 되었다.

제3세계 여성들, 특히 멕시코와 라틴아메리카 여성들은 미국과 유럽의 지배적인 정치, 경제에 대해서 비난하는 소리를 높였다. 그들이 남성 동지들과 함께 제국주의에 반대하고 외세의 지배와 착취에 대항하여 싸우는 동안 선진국 여성들은 제3세계 여성들을 돕기는커녕, 이해하려고 하지도 않고 오히려 무시하는 태도를 취하며 자기들만의 여성해방에 열중하고 있음을 비난했다. 지극히 개인적인 관계에 매몰되어 사회구조적인 문제에는 관심을 갖지 않는 것으로 보인 것이다. 결국 선진국 여성들이 주장하는 '자기 실현'은 부르주아적 관념이고, '여권주의'는 제국주의의 새로운 전략의 하나라며 극단적인 비난까지 퍼부었다. 하지만 선진국 여성들은 제3세계 여성들을 남성들의 정치 싸움에 놀아나는 이들이라고 비난했다. 이 회의에서는 선진국과 후진국 간의 논쟁이 치열하게 전개되었다.

이러한 논쟁이 진행되는 가운데 여성들은 UN 정상회의에서 앞으로 10년을 'UN 세계 여성의 해'로 정하도록 하는 데 성공하여, 1975~1985년을 여성의 해로 선포하기에 이르렀고 '모든 개발 단체와 자원 단체, 그리고 선진국에게 여성의 개발을 위해 자원을 보조할 것'을 요구했다. 무엇보다 중요한 사실은 이 멕시코시티 세계여성대회가 여성들에게 국제연대 의식을 태동시키는 중요한 회의였다는 점이다.

UN은 '세계 여성의 해' 중간 평가를 하기 위해 1980년에 코펜하겐에서 UN 정상회의를 소집했다. 이 회의는 145개국 정부 대표자들이 참석한 가운데 열렸고, 세계여성대회도 동시에 열려 여성의 지위 향상에 대한 중간 평가를 했다.

한편 여성들은 코펜하겐 세계여성대회 1년 전인 1979년 12월에 뉴욕에서 열린 제34차 UN 총회에 "여성을 차별하는 모든 요소는 제거되어야 한다"는 내용의 청원서를 제출했다. 이는 곧 UN 총회에서 안건으로 상정되어 다루어졌으며, 그 결과 UN 산하에 '여성차별철폐위원회(Committee on the Elimination of Discrimination against Women ; CEDAW)'를 두어 이를 직접 다루게 했다. 이 강령은 130개국이 인준했고 CEDAW는 매년 한 번씩 만나 각 나라의 보고서를 검토하고 UN 총회에 조언을 하는 역할을 하고 있다.

1980년 코펜하겐 세계여성대회에서는 '여성의 평등, 여성 발전과 평화'라는 주제를 두고, 직업과 여성의 건강, 교육 등 3개 부문으로 나누어 토론하여 이를 UN에 추가 포함시키는 데 성공했다.

한편 제3세계 여성들은 잠 잘 집도 없고 먹을 음식도 없는 우리들에게 여권주의를 강조하는 것은 말도 안 되는 짓이라고 주장하여, 선진국 여성들과 제3세계 여성들 사이에 적대적 긴장 관계가 계속되었다. 이 코펜하겐 세계여성대회에서 여성운동가들은 정치적이고 사상적인 논쟁을 벌였으며, 제3세계 여성들과 많은 다른 여성운동가들은 여성의 문제를 정치화하여야 한다고 선언했다.

그러나 여성들이 각 나라의 민족주의적 사상을 뛰어넘어 연대의 틀에 나올 수 있는가 하는 문제와 지금 상황으로 여성이 세계의 문제를 해결할 수 있는 주체적 조건이 되어 있는가 하는 문제가 제기되었다. 이 당시의 여성운동의 유형을 보면 여성이 민족해방전선에 나서 투쟁하고, 혁명 후의 새로운 사회 건설 과정에도 대거 참여함으로써 사회구조적 변혁과 동시에 여성에게 가해지는 불평등법, 경제 사회에서의 불평등 폐지 등을 시도했음을 알 수 있다. 또한 1970~1980년에 노동집약적인 산업이 선진국에서 제3세계로 이동하게 되면서 여성노동자들이 처한 열악한 노동 조건에 대해 항거하는 운동들이 있었다.

1985년 '세계 여성의 해'를 마무리하는 UN 정상회의가 케냐의 나이로비(Nairobi)에서 있었다. 나이로비 세계여성대회에서는 '세계 여성의 해' 선포의 목표와 활동 등을 평가하고 2000년대의 여성 권익 증진을 위한 전략을 세워나갔다. 또한 여성들이 요구하는 주제에 대해 의견 일치를 보고, 여성운동가들이 더욱 조직적으로 활동하여 여성들의 힘과 지도력을 보여주는 좋은 계기가 되었다. 그들은 나이로비에서 더욱 안정되고 발전되어 갔다. 준비팀과 진행팀을 조직하여 끊임없이 UN 정상회의 대표자들과 협상하고 설득하는 데 유연하게 대처했으며 이는 곧 그들의 요구를 성공적으로 통과시키는 결과를 낳았다.

또 한 가지 중요한 것은 장소가 아프리카였기 때문에 회의를 진행하는 사람들이 이를 잘 운영하려는 노력을 보였고, 선진국과 제3세계 여성들이 서로의 문제를 이해하려는 적극적인 모습을 볼 수 있었다. 나이로비 세계여성대회에서는 하루에 약 1,000개의 워크숍이 있었는데 선진국 여성단체와 제3세계 여성들이 공동 주최하는 토론회가 많이 열렸다. 이를 통해 여성들이 한 자리에 앉아 공통의 문제를 다루는 기회를 갖게 되었고, 특히 선진국 여성들이 더 마음을 열고 제3세계 여성들의 문제에 귀 기울이는 노력을 보였다. 이로써 제3세계 여성들은 선진국 여성들의 운동과 서로 연결 지으려는 노력을 통해 연대의 깊이를 더해 갈 수 있었다.

정리해 보면 역사적인 세계 여성의 해 선포, 그리고 여성들의 포럼, 멕시코시티, 코펜하겐, 그리고 나이로비에서의 세계여성대회 등은 여성들을 연결시켜 공동의 과제 인식과 우애를 싹트게 하는 계기가 되었다. 그리고 모든 논쟁들은 보다 강고한 연대를 위한 몸부림이었으며, 이러한 연대의 모형은 세계의 여성운동을 하나로 묶어 지속시키는 촉진제 역할을 했다.

7. 1980년대 여성운동의 주류와 전환

1980년대는 많은 시간을 1970년대 여성운동의 강령들을 시험하고 그러한 활동을 평가하면서 지나갔다고 해도 과언이 아니다. 미국의 한 여권운동가들이 '여성운동은 시대를 잃었고 죽었다'고 성토하며 장례식을 지내는 등의 사례가 이를 잘 말해 주고 있다. 한편 1970~1980년대에 걸쳐 떠들썩했던 목소리들이 1980년대에 정식으로 그 모습을 갖춰 '새시대 신여성회(The New Girls Network)'를 결성하게 된다.

이 네트워크는 1960년대와 1970년대의 국제회의와 미국의 여성대회를 중심으로 하여 생성되기 시작했다. 그들은 주로 높은 교육을 받은 젊은 여성들이었고, 그들의 관심은 여성 문제를 제기하는 것보다도 그들의 사업, 전문성과 관련한 접근이 대부분이었으며 정치 진출에 그 목적이 있었다. 사실 재능 있는 많은 여성들이 이 네트워크에 합류하여 그들에게 조언을 해주는 역할을 맡게 되었는데, 이렇게 여성운동에 전혀 참여하지 않았던 사람들이 함께하는, 이전에 볼 수 없었던 새로운 단계의 운동으로 돌입하게 되었다. 여성학 관련 전문학과와 연구센터들이 미국 대학에 설치되기 시작한 것도 이 시기의 일이다.

이 네트워크에 주류를 담당했던 젊은 여성들은 개인적으로 정치 각 부처에 참여했고, 스스로 설 수 있었기 때문에 더 이상 기존의 여성운동에 참여할 필요성을 느끼지 못했으나, 현실적으로 집안일이나 아이를 돌보는 일을 배우자와 나누어 하는 과정에서 문제에 부딪혔다. 이는 여성운동의 근본적인 한계를 말해주는 대목이다.

이러한 상황을 두고 "그들이 그만큼 사회에 진출할 수 있었던 것은 그들 어머니들의 피나는 투쟁의 증거이고 그러한 투쟁을 통해 획득된 것이다. 오늘날 젊은 여성의 경험과 25년 전 젊은 여성의 경험이 아주 다르다고 할 수 있지만, 아직도 이 사회에는 많은 문제가 남아 있고 우리는 계속 탁아소 설치, 평등 임금, 경제 평등, 평등 연금제도, 사회보장과 사회복지 등을 제시해 나가야 할 것이다"라고 한 여성운동가는 지적했다.

그리고 지금까지 여성운동의 초점을 여성의 지위를 향상시키는 데 두고, 이와 연결되어 있는 경제 문제, 개인과 국가의 빚 문제, 가난의 문제 등을 해결해 왔다. 그러나 이것이 모든 사람들의 생활과 삶의 질을 향상시키는 데 어떠한 영향을 주었는가? 이 모든 문제를 접목시키는 데 실패하지 않았나? 진보적인 여성들이 가난하고 벼랑 끝에 있는 많은 여성들의 문제를 어떻게 다루어 왔는가? 등의 질문에 답하기 위해서는 앞으로의 여성운동이 여성 평등 문제에서 사회구조 변화를 위한 노력으로 전환해야 한다는 논란이 일었다. 이 논란은 여성들이 현재의 사회구조를 여성 중심으로 받아들여 바꾸어 나아갈 수 있는가 하는 문제를 제기했고, 그 방안을 분석하기 앞서 사회에 대한 분석이 요구되었다.

여성운동가들은 여성 각자의 경험을 토대로 사회구조를 분석했지만, 그들의 사상은 여성운동의 역사 안에 뿌리내려 왔기 때문에 그것을 바탕으로 사회에 대한 분석이 진행되었다. 여성운동의 전망을 제시하는 그러한 노력은 네 가지의 조류로 확인된다. 즉, 자유주의 여성운동, 문화주의 여성운동, 급진주의 여성운동 그리고 사회주의 여성운동 등이 그것이다.

8. 제3세계 여성운동의 전개

멕시코시티 세계여성대회 이후 제3세계 여성들은 자기 개발을 위해 일하기 시작했다. 여성 중심으로 사업을 만들어 여성들에게 일자리를 주고, 건강을 지키기 위한 사업과 교육 훈련 프로그램들을 만들어 나갔다. 또한 법률과 정치적 제도의 개정으로 여성의 차별 문제를 해결하는 법안을 추진하고, 세계 여성 조직과 연결망을 구축하는 데 적극적으로 협력하여 대등한 관계로 국제연대를 조정해 나갔다.

또한 이 시기에 제3세계의 여성운동가들과 연구 조사자들이 중심이 되어 네트워크를 형성했는데, 그 대표적인 것이 '아프리카 여성 개발과 연구를 위한 연합'과 라틴아메리카와 아시아 운동가, 전문가들이 중심이 된 '새시대를 위한 여성 대안 개발(Development Alternatives with Women for a New Era ; DAWN)'이다.

DAWN에서는 10년 동안의 '세계 여성의 해'를 마무리하면서 여성의 위치와 지위에 대해 조사했다. 그 결과 10년 동안 여성의 지위가 향상되기는커녕 경제와 사회 발전 과정에서 더욱 나빠졌다고 보고하고, 소수의 여성을 제외하고는 경제적 능력과 재능이 있는 여성들이 직업난에 허덕이고 있음을 확인했다. 또한 "서구의 발전 모델이 들어옴으로써 제3세계 여성들은 일에 대한 짐이 늘어났고 그들과 그들 친지들의 건강, 영양과 교육은 낙후되어 갔다"고 밝혔다. DAWN은 선진국 여성운동가들 중 제3세계 개발 계획에 참여했거나 직접 관계한 여성운동가들을 강도 높게 비판했다.

과거의 여성운동과 현재의 여성운동이 다른 점을 찾는다면, 과거에는 여성운동이 여성에 대한 민주 정치와 권리 보장의 측면이 강했다는 것이다. 물론 교육의 권리와 직업의 권리, 재산 상속과 소유의 권리, 참정권, 국회 참여의 권리, 출산 조절의 권리, 이혼의 권리 등이 거기에 포함되어 있다. 다시 말해서 과거의 여성운동은 법 개정을 통한 합법적인 남녀평등 확보 차원의 투쟁이었다. 그러한 투쟁은 본질적으로 가족과 집 밖의 문제 해소를 위한 투쟁이었다고 할 수 있다.

그러나 오늘날 여성운동은 법 개정과 여성의 문제를 넘어 여성 해방을 향해 나아가고 있다. 여성과 남성의 종속관계가 유지되고 있는 가정과 일터에서의 성차별, 부차적인 지위를 거부하며 여성들에게 가중되는 이중의 짐과 여성의 가사노동의 가치를 무시하는 처사 등을 거부하는 투쟁을 해 왔다. 또 이들은 성차별 문제뿐만 아니라 여성에게 가해지고 있는 모든 형태의 억압—남자로부터이든 사회로부터이든—에 저항하고, 여성해방과 자유를 지키기 위해 투쟁해야 한다고 주장했다. 여성들은 불평등한 임금에 대한 문제제기뿐만 아니라, 남성 중심의 사회구조 안에 종속되어 폭력과 억압으로부터 자유롭지 못하다고 인식하고 이것들을 개선하기 위한 운동을 전개해 나가고 있다. 그러나 오늘날 여성들의 운동은 여성 평등과 해방만을 위해 투쟁하는 것은 아니다. 여성과 남성 모두에게 공정한 사회를 요구하고 있는 것이다.

'아시아 여성연구와 실천연대(Asian Women's Research and Action Network ; AWRAN)'는 아시아—태평양 여성운동가들의 결속을 강화하고 여성 문제에 대한 연구와 활동을 연결하기 위해 조직된 단체이다.

1985년 봄, 필리핀의 다바오(Davao)에서 첫 회의를 가졌는데, 이때 14개국의 여성운동단체 활동가들이 참여하여 열띤 토론을 벌였다. 이들은 정치, 경제, 문화 구조는 다르지만 공동의 경험이 있음을 확인하고, 특히 성차별을 해결하기 위한 투쟁과 모든 억압으로부터의 해방, 그리고 새로운 사회 건설이라는 운동이념을 공유했다. 이들은 여성운동의 동질성을 유지하면서, 다른 민주단체와의 협력 하에 아시아의 앞날을 절망과 억압, 가난 속에서 해방시키는 사회 건설을 위해 더욱 더 분발하고 연대할 것을 다짐했다.

이렇게 아시아 여성운동의 문제제기는 매우 현실적이고 구체적이어서, 그 주제를 보면 여성 폭력과 억압(가정과 일터에서), 강간 문제, 평등 임금, 불평등법 개정, 종교와 문화를 이용한 성차별과 억압, 여성의 상품화, 여성의 평등한 직업의 기회 보장 등으로 되어 있다.

남아시아 여성들의 70% 이상이 문맹이다. 그들을 위해 여성단체들은 문화운동을 발전시켜 그들과 함께하는 운동으로 접근했다. 밭과 논, 그리고 길거리에서도 공연을 했으며, 그림과 노래를 통해 그들이 현실을 인식하도록 하는 운동을 전개해왔다. 이런 방법들은 네팔의 '네팔 여성회(All Nepal Women's Association)'와 파키스탄의 '여성과 여성(Women to Women)', 그리고 일본의 '여성의 자리(Women's place)'라는 단체 등이 많이 사용하고 있다. 이들의 투쟁은 아주 강력하다. 이를테면 여성들이 머리에 쓰고 다니는 스카프를 태우는 화형식을 하기도 하는데, 이는 '여성이 여성이라는 족쇄에서 해방된다'는 뜻이 있다.

스리랑카의 '어머니와 딸'이라는 단체는 1988년 초에 조직되었다. 모든 여성단체가 함께 참여하여 구성된 것으로 동족끼리의 싸움을 거부하기 위해서 조직되었다. 그 당시 스리랑카에는 내전이 아주 심각하게 일어나 매일 사람을 죽고 죽이는 험난한 상황 속에서 누구도 자유로이 움직일 수 없었다. 그러나 여성들은 거리로 나와 싸움을 반대했고, 음식과 옷가지를 모아 전쟁 중에 있는 재프나아카 사람들에게 보내기도 했다. 스리랑카 여성들은 이 연대운동 기구를 통해 국내의 폭력과 전쟁을 막으려는 노력을 하고 있다.

대만의 '의식을 위하여'라는 여성단체는 초등학교 도덕 교과서를 고치기 위한 투쟁을 했다. 이들은 교과서에서 "아침에 일어나

아버지는 아침 운동을 하고 앉아서 신문을 읽으신다. 어머니는 집안 청소를 하신 후 아침밥을 준비하신다" 등의 내용에 대해 왜곡된 성 분업화와 마치 여성의 자리가 가정인 양 주입시키는 불공평한 교육을 중단하고 교과서 내용을 바꾸라는 요구를 했다. 그 후 끈질긴 투쟁으로 여성들의 요구가 반영되는 결과를 얻어냈다. 이들은 "작은 일이라도 우리는 결코 양보하면 안 되고 최선을 다해 항의하고 싸워서 바꾸도록 노력해야 한다"고 강조했다.

타이의 '여성의 힘'이라는 단체, 대만의 '무지개'라는 단체, 그리고 오키나와 여성단체, 그밖에 필리핀, 호주 등에 있는 단체들은 특별히 성매매 여성을 위해 일을 한다. 이들은 성매매 여성들이 불이익을 받지 않도록 하는 일과 건강을 지킬 수 있도록 캠페인과 교육을 하기도 한다. 타이에서는 두 가지 활동을 하는데, 먼저 그들에게 외국인과의 흥정에서 불이익을 받지 않도록 영어를 가르치는 일과 건강을 위해 콘돔을 사용하도록 하는 캠페인과 교육을 하고 있다. 대만은 콘돔 사용과 성매매 여성을 폭력에서 구해주는 홍보물을 농촌에 뿌리고, 교회와 학교(초등학교, 중학교)에 교섭하여 정기적으로 이들에게 상황을 알릴 수 있는 시간을 주거나 아니면 학교에서 이 상황을 알리는 시간을 가지라고 요구하고 있다. 특히 일본 오키나와에서는 성매매 여성들과 주민이 연대해, 주민이 항의 데모를 할 때면 이 여성들이 대거 합세하는 것을 볼 수 있다. 이런 여성단체들의 도움으로 성 노동자들은 1990년 국제회의를 열 수 있었고, 그 자리에서 그들의 생활과 상황, 그리고 건강을 지키기 위한 방법 등을 나누었다. 또한 자본주의 하에서 여성들이 갈수록 상품화되어 가고 있음을 확인했다.

아시아 지역에서의 여성운동은 여성대중이 처한 억압적인 현실을 인식하고, 성에 의한 차별과 계급에 의한 차별이 없는 평등한 인간사회를 건설한다는 데서 시작되었다.

여성 개개인은 여성이기 때문에 겪게 되는 정치, 경제, 사회, 문화적 불평등을 극복하기가 힘들기 때문에, 조직을 통해 집단적으로 여성 문제를 해결하기 위한 다양한 실천 활동을 모색해 나간다. 나아가 여성 문제뿐만 아니라 민중의 생존권 확보와 민주화 달성이라는 궁극적 목적을 이루어낼 수 있다고 생각하기에 조직운동과 연대운동을 전개해 나가는 것이다.

여성운동의 공통 주제

국제적으로 여성들이 캠페인 등의 연대활동을 벌이는 데는 몇 가지 공통된 주제들이 있다. 그것을 간추려 보면 성폭력 반대, 인신매매 반대, 여성의 권리는 인간의 기본권, 이주 여성 문제, 동성애의 권리, 경제 문제 등이 있다. 이보다 훨씬 많은 주제들이 있으나 여기서는 구체적으로 활발하게 전개되고 움직이는 몇 가지의 운동을 소개해 보도록 하겠다.

1. 성폭력 반대운동

"여성 폭력은 인간의 기본권 침해와 인권 유린이다."

여성은 오랫동안 어떤 형태의 사회에서든지, 육체적으로나 성적으로, 그리고 정신적으로 학대의 대상이 되어 왔다. 35개 나라를 중심으로 한 어느 연구 조사에 의하면 세계의 여성 가운데 평균 5명 중 1~2명이 1년에 세 번 이상 자기 동거인으로부터 가정 폭력에 시달리고 있다고 한다. 특히 잠비아(Zambia) 여성들의 경우, 여성이 병원을 찾는 이유 중 가장 큰 비중을 차지하는 것이 바로 가정 폭력에 의한 부상 때문이라고 한다.

사실 여성 폭력은 남성과 사회에 아주 익숙해져 있다. 여성학자 실비아 월비는 "남성의 폭력은 하나의 구조이다"라고 했다. 일찍이 성폭력 문제는 세계 여성운동가들이 처음으로 공통의 주제로 받아들여 연구 조사와 토의 분석을 했던 주제이기도 하다.

폭력이 역사와 전통 속에 존속하고 있는 사례에는 인도에서 과부를 화형시키는 전통(Sati/Widow murders), 중국에서 여자 어린이의 발을 자라지 못하게 싸매는 의식, 아프리카와 아랍 등에서의 소녀 생식기 절단(Female Genital Mutilation), 그리고 서구의 마녀 사냥(Witch Women kill) 등이 있다. 이는 세계적으로 각기 다른 구조와 문화 속에서 자행되고 있는 여성 학대와 폭력의 전통들이다.

폭력에 대한 정보와 연구는 남아시아 여성들이 꼼꼼하게 기록하고 있다. 여성 정보와 연구회 등의 단체에서는 이런 기록을 통해 여러 가지 폭력과 경제적인 억압, 성폭력, 폭력과 계급, 그리고 신분제 등을 비교 연구하기도 한다.

"우리 아버지는 밖에서 무슨 일이 있으면 집에 오셔서 하루의 일과에 지쳐 있는 엄마를 괴롭히는 일이 많아요. 뿐만 아니라 아버지가 엄마를 구타하는 일도 자주 있답니다." 어느 17세 여성노동자의 말이다.

전자회사 노동자인 30대의 인도 여성은 "우리 집에서는 남편이 하느님이고 그의 말은 곧 법입니다. 말대꾸를 하거나 질문을 했다가는 그의 손과 발이 곧 폭탄이 되어 나를 향해 돌격한답니다"라고 푸념을 한다.

수많은 여성들은 기분 나쁘다고 매 맞고, 밥 빨리 차려 주지 않는다고 매 맞고, 말대꾸한다고 매 맞고, 그냥 특별한 이유 없이 매일 남편의 폭력으로 고통을 받고 있다. 여성에게 가해지는 이러한 폭력은 비단 가정 안에서만 일어나는 일이 아니다.

어느 인도 여성의 말처럼 많은 여성들은 환영받지 못한 채 태어나, 선택의 자유도 없이 처음 보는 남성과 결혼해 인연을 맺는다. 또한 인도에는 '지참금 제도(Dowry system)'가 있다. 결혼 전 남성은 여성에게 혼수품을 요구하는데, 만일 집안이 가난해서 요구대로 해가지 못하면 그 여성은 시집 가는 날로부터 수모와 폭력을 당하는 일이 많다고 한다. 이 제도는 사실 1961년에 법으로 금지되었으나, 인도 정부가 별로 큰 신경을 쓰지 않아 지참금에 의한 문제가 계속되고 있다.

1988년 인도의 '나비 묵티(Navi Mukti Samghrsh Sumnelan)'라는 여성단체에서 '여성 폭력의 현실'이라는 주제로 남아시아 회의를 열었다. 이 회의에서 강간, 성희롱, 여자 태아의 중절, 결혼 지참금 폭력, 과부 화형식 등이 행해지고 있음을 확인하고, 여성들이 이 문제에 맞서 적극적으로 투쟁할 것을 결의했다. 이후 결혼 지참금과 과부 화형식 등의 전통에 맞서 싸우며, 국제 연대를 일구어 냈다.

남아시아 인도에는 과부 화형식과 결혼 지참금의 관습이 뿌리 깊게 남아 있다. 과부 화형식의 이유는 남편이 죽으면 부인도 그 남자의 소유물이나 다름없기 때문에 따라 죽어야 한다는 것이다. 또한 결혼 지참금은 여성이 결혼할 때 남자가 앞으로 그 여자의 일생을 책임지는 주인이니 혼수품을 해 오도록 요구하는 것인데, 그것을 해 오지 못할 경우 온갖 수모와 폭력을 감수해야 하고, 그 결과 죽거나 혹은 자살하도록 만든다.

주변에서 이런 모습을 보고도 말리지 않느냐는 질문에 한 여성 운동가는 이렇게 말했다. "일반적으로 여성은 결혼한 순간부터 그 남자의 소유물이라고 생각하기 때문에 주인이 자기의 소유물을 자기 마음대로 하는데 어떻게 참견할 수 있느냐는 생각이 뿌리 깊어 그냥 모르는 척하고 있을 뿐이다."

결혼 지참금 전통은 인도의 뉴델리에서 특히 심한데, 정부 통계에 의하면 한 해 약 107명의 여성이 지참금과 관련하여 죽었다고 한다. 하지만 여성단체의 통계에 의하면 500여 명이 넘는다고 한다. 1987년 여성들의 투쟁 결과 법으로 이를 금지했다(지참금 관계로 여성을 폭행하거나 죽일 때에는 확실한 증거가 없어도 남편과 가족에게 7년에서 종신형까지 처한다).

한 보도에 의하면 1987년 한 해에 뉴델리에서만 143건의 결혼 지참금 관련 화형식이 있었지만 그중 오직 한 명의 가해자만이 종신형을 선고받았다고 한다. 왜냐하면 경찰조차 조사를 회피하는 경향이 있어서, 고발되는 숫자가 아주 적기 때문이라고 한다. 바로 이런 부담 때문에 인도의 부모들은 딸을 낳는 것이 두려워 임신을 하면 성별 검사를 통해 조기 낙태를 택하기도 한다.

과부의 화형식에 대한 사례를 보자. 1987년 9월 죽음을 거부한 18세의 과부 루프가 집안을 탈출하여 여성단체를 찾게 되면서 이 문제의 심각성이 세상에 널리 알려지게 되었다. 루프는 "얼굴도 모르는 남자에게 시집을 가 수난만 당했다. 그런데 그런 남편을 따라 죽어야 된다는 집안의 눈초리와 압력에 도저히 견딜 수가 없어 탈출했다"고 괴로움을 털어놓았다.

이 사건을 접한 인도 여성단체들은 세계의 여성들에게 협조를 요청했고, 국제적인 연대에 힘입어 이 비인간적인 관습에 저항하기 시작했다. 186명이 넘는 세계의 여성과 인권 변호사들이 무료 변론에 나서 루프는 살 수 있었고, 이 사건 이후로 죽기를 거부하는 과부들에게 희망이 생겼다.

생식기 절단 할례식 또한 끔찍한 폭력이고 인권 유린이다. 많은 아랍 여성들과 아프리카 여성들이 자신들의 생식기 절단에 대한 아픈 경험을 호소했다. 그들은 7~8살이 되면 그들이 잠들어 있을 때 혹은 전문적으로 생식기를 절단하는 여성들에게 잡혀 눈을 가리운 채 어디론가 끌려가는 일이 발생한다고 한다. 그리고 옷이 벗겨질 때는, 두려움을 넘어 공포스럽다고 증언한다. 온몸에 낭자할 정도로 피투성이가 되어서도 본인들은 공포에 질려 울지도 못하고 있었다고 한다.

1978년 나왈 엘 사다위(Nawal El Saadawi)의 조사에 의하면, 생식기 절단 할례식은 이집트, 수단, 예멘, 그리고 컬트(Cult) 지역에서 전통적인 의식으로 자리잡고 있다. 160명의 이집트 소녀와 여성들의 의식구조를 조사한 결과, 그들 중 교육 수준이 낮은 가정에서 출생한 97.5%가 할례식을 해야 한다고 믿고 있었으며 연령이 낮고 교육 수준이 높은 가정의 경우에도 66.2%가 할례식을 해야 한다고 믿고 있는 것으로 나타났다. 그리고 이를 경험한 여성들은 그 당시 너무 무서워서 경황이 없는 가운데 이루어졌다고 말했다.

전통적인 이 의식은 여성의 성적 충동을 줄이기 위해서 하는 것이라고 한다. 그러나 여성운동가들은 이를 여성을 남성의 소유물로, 성의 도구로, 애 낳는 기계로 보는 데서 오는 악습이라고 주장한다. 이들은 '모슬렘 나라에 살고 있는 여성(Women live in Muslim Countries)'이라는 단체를 조직하여 프랑스에 국제본부를 두고, 아랍과 아프리카 모슬렘 나라의 여성을 중심으로 모여 이 문제를 알리고 국제적인 연대를 모색하는 활동을 진행하고 있다.

19세기까지도 유럽에는 무수한 신흥종교와 무당들이 있었는데, 그 신흥종교의 교주들은 대부분 여자들이었고 이들을 믿고 따르는 신도들이 나날이 늘어갔다. 그런데 이 교주들을 '마녀(Massacre of Women as Witches)'라고 이름 붙여 학살을 한 역사가 있다. 여성운동가들은 여성의 지위가 올라가면 남성 지배자들이 자신들의 부귀영화(기득권)를 뺏길 것을 두려워하여 이들을 제거한 것이라고 주장한다.

성경 에스더기에서도 여성과 가부장제를 잘 묘사하고 있다. 바로 페르시아의 왕 하슈얼스(Ahasuerus)의 왕비인 봐쉬티(Vashti)의 이야기이다. 하슈얼스 왕이 인도와 이디오피아를 통치할 당시, 지배한 지 180일이 되는 날 그는 각료들과 부자들을 불러 만찬을 베푼다. 만찬이 무르익어 손님들이 취해 있을 때 왕은 왕비의 미모를 각료들에게 보여주고 싶어 왕비를 불러오라고 명한다. 왕비 봐쉬티는 왕의 명령을 거부했다. 이전에 볼 수 없었던 왕의 명령에 대한 불복종에 왕뿐만 아니라 각료들이 모두 놀랐다. 이 일로 왕비는 곧 재판에 넘겨지는데, 각료들은 왕에 대한 불복종을 막기 위해 엄하게 벌을 주어야 한다고 주장했다. 이것이 하나의 전례가 되어 부인들에게 확산되는 것을 막아야 한다는 것이다. 결국 왕비는 쫓겨났고 왕은 다시 예쁜 여성들을 모아 그 중에 가장 아름다운 처녀를 왕비로 삼았다.

서구의 여성들은 자기가 싫으면 의사 표시를 확실하게 한다. 그녀가 싫다고 하면 싫은 것이다(She says No!, then it is no!). 그래서 원치 않는 잠자리를 요구할 경우 이 자체가 강간이고 폭력이라고 말한다. 오늘날 서구 여성들은 선택의 자유가 확대되었고 여성 문제에 대한 의식수준이 높은 편이다. 그러나 아직도 가정 폭력, 성희롱, 강간 등의 문제는 여전하다. 서구의 어느 나라를 가더라도 매 맞는 여성을 위한 쉼터를 찾아볼 수 있을 정도다.

2. 인신매매 반대운동

인신매매는 오래 전부터 존재해 왔다. 아프리카와 아시아, 유럽이나 미국에서도 매춘부로 여성을 사고 파는 일이 갈수록 많아지고 있다. 뉴욕에는 '인신매매 반대를 위한 국제여성연대회(International Feminists Network against Trafficking Women)'라는 조직이 있다.

이 단체는 앞서 1985년 나이로비 국제여성대회에서 공개토론회를 조직한 바 있다. 일본, 라틴아메리카, 태국, 필리핀, 아프리카, 네덜란드, 노르웨이와 스위스에서 대표자들이 나와 각 나라의 현실을 이야기하고 열띤 토론을 벌였다.

이 토론회 이후에 두 가지의 의견이 서로 대립하게 되었는데, 결국은 둘로 나뉘어져 각자의 일을 하면서 연대해 나가고 있다. 하나는 미국의 '인신매매 반대를 위한 국제여성연대회'의 입장으로 인신매매를 통한 매춘은 그 자체가 나쁜 것이기 때문에 금지시켜야 한다는 의견과 다른 하나는 아시아와 유럽을 중심으로 조직되어 있는 '아시아 태평양 여성 인신매매 반대 연대(Coalition Against Trafficking in Women Asia-Pacific: CATWAP)'의 입장으로 인신매매자에 의해 매춘녀가 된 여성의 문제와 자기 스스로 매춘을 선택한 여성의 문제는 다르다고 보는 입장이다. 즉, 여성이 인신매매자들에게 팔려서 어디에서든 몸을 팔 수밖에 없는 처지에 몰리는 것은 기본 권리를 박탈당한 것일 뿐 아니라, 명백한 폭력으로 처벌을 받아야 하고 그 행위는 금지되어야 한다. 그러나 만일 여성이 자기 스스로의 의지에 의해 하나의 직업으로 선택한 것이라면 누구든지 직업을 선택할 자유가 보장되어야 하므로 매춘을 합법화해 성산업자를 보호해야 한다는 것이다. 그들에게 조직 결성의 자유를 보장하고 환경을 개선해야(그들이 그만두고 싶을 때 언제든지 아무의 간섭도 받지 않는 가운데 자유롭게 떠날 수 있다는 전제 하에) 한다고 주장한다. 한편 매춘은 직업 선택의 자유가 없는 여성들의 종착지라는 점에서 매춘을 합법화해야 한다는 주장이 제기되기도 한다.

성매매 시장은 남에서 북으로, 동에서 서로 확대되고 있는 게 현실이다. 저개발국 여성들은 성매매의 주요한 공급자가 되고 있다. 최근 에이즈에 대한 공포 때문에 이 지역의 어린 소녀들까지도 외국 시장으로 매매되고 있다. 매년 약 100만 명의 어린 소녀들이 섹스관광으로 조직화된 성매매의 희생자가 되는 것으로 추정되고 있다.

최근 유럽에서는 빈곤과 실업에 시달리는 동유럽의 여성들이 서유럽 성매매의 공급원이 되고 있다. 동유럽(러시아와 폴란드 등)의 여성고용 상황이 악화되면서(1985년 78%에서 1994년 54%) 성매매가 늘어나고 있는 것이다. 독일의 경우 현재 매춘여성들의 3/4 이상이 외국에서 온 여성들이다. 1970년대와 1980년대에는 동남아시아의 여성들이 많았고 그 다음에는 아프리카, 남미의 여성들이 유입되었다가, 근래에 와서는 동유럽이 그 주요 공급지가 되고 있다.

동남아시아 지역에서는 섹스관광을 목적으로 한 다양한 형태의 성 산업이 국제화되는 추세에 있다. 1990년 필리핀에서는 '가부리엘라'라는 여성단체가 주최한 성노동자 국제회의(Sex Workers Conference)를 열었는데, 이때 각 나라에서 매춘여성들과 운동가들이 함께 참석한 것이 이색적이었다. 매춘여성들은 처음으로 국제적으로 만나 자기들의 현실과 애로사항들을 함께 나누었는데, 어떻게 건강을 지킬 수 있는가 등에 대한 서로의 생활 방법을 교환하고 경찰에게 쫓기는 어려움 등에 대해 진지하게 토론하는 모습을 볼 수 있었다.

그 이후 국제연대 조직들은 결국 북경 정상회의에서 매춘을 성노동(인신매매는 금지되고 별도로 처벌되어야 한다는 것을 전제로)이라고 규정하고, 그들도 '노동자'임을 인정함과 동시에 "인신매매는 불법이므로 금지되어야 한다"는 조항을 세계 조약에 명시하는 데 큰 역할을 했다.

3. 여성의 권리는 인간의 기본권
Women Rights, Human Rights

이 운동의 목적은 여성에게서 인간의 권리를 계속적으로 박탈하고 있는 현실을 바꾸어 보려는 데 있었다. 여성에 대한 폭력과 차별 등의 문제는 곧 인권 문제로 보아야 한다는 것이다.

아시아에서는 '아시아 태평양 여성과 법 발전 위원회(Asia-Pacific Women and Law Development ; APWLD)'를 중심으로 서명운동을 전개했다. APWLD 회원들은 주로 여성 법률가들로 이루어져 있는데, 그 동안 여성에게 필요한 법안을 연구하고 경제 정책이 여성들에게 미치는 영향 등을 주제로 캠페인을 전개하는 등의 역할을 해 왔다. 이들은 1993년 '인권(On Human Right)'이라는 주제로 비엔나에서 열린 UN 정상회의에서 UN 인권 조약에 이러한 내용을 포함시키고, 남태평양을 중심으로 성폭력을 인권 문제로 인정하도록 하기 위해, 서명운동을 조직하여 3일간의 농성을 진행하는 등 활발한 운동을 전개했다. 그 결과 '개인으로든 사회적으로든 여성을 상대로 한 폭력을 인권 문제로 인정한다'는 내용의 규약이 선포되고 이 조약에 170개국의 대표들이 서명했다.

한 조사에 의하면 지난 10년간 세계적으로 1억 30만 명의 어린이가 학교에 가지 못했는데 그 중의 90%가 여자 어린이였다. 또한 직장에서는 여성이 남성 임금의 30~40%를 받고 있는 게 현실이다. 그리고 제3세계 여성 가운데 3명 중 1명이 육체적인 학대를 받고 있고, 세계에서 여성이 국정에 참여하는 비중은 1988년 15%에서 1994년 11%로 떨어졌다. 그래서 UN 인권회의에서 결정한 조약이 우리 생활 속에서 얼마나 지켜지고 있는가를 감시하고, 조사하여 정보를 수집할 계획을 가지고 '여성차별철폐위원회(Committee on the Elimination of Discrimination Against Women ; CEDAW)'와 '국제여성권리행동감시 지구적연대(The International Women's Rights Action Watch, a Global Network)'가 결성되어 활동하고 있다.

4. 동성애의 권리

동성애자들은 오래 전부터 그들의 선택의 권리를 요구하며 동성애를 자연스러운 인간 생활의 한 부분으로 인정해 줄 것을 주장해 왔다. 서구 여성들은 여성의 불평등을 생물학적 차별에서 발견했고 그 대안을 동성애에서 찾으려고 했다. 유럽과 미국 등지에서 시작한 한 조직은 그들이 서로에게 의지가 되기 위해 한 지역을 설정하여 살기로 결정하고 점차적으로 그들의 의견을 제기하기 시작했다.

미국의 샌프란시스코에서 시작한 동성애자들의 모임은 세계적으로 연결망을 형성했고 신문 발행을 통해 그들을 변호하며, 사회가 그들에게 가하는 것들을 인권 차원에서 다루어 줄 것을 요구했다. 또한 여성운동가들에게 그들을 자매로 인정해 줄 것을 촉구하기도 했다.

언젠가 나는 국제회의에 참석차 브라질에 가서 리오에 머문 적이 있었다. 그때 내가 묵고 있는 숙소에서 존이라는 미국 신학대학 교수와 많은 이야기를 나눴다. 그는 리오에서 열리고 있는 동성애 관련 세미나에 강사로 왔다며, 자신의 파트너는 비행기 조종사라고 했다. 그는, 전세계 인구의 10%가 동성애자라는 통계가 있다고 했다. 그들은 자신들의 요구가 세상에 관철되고 합법화되기를 원하며, 연대의 틀을 굳건히 하고 있었다.

동성애 문제는 아프리카에서도 중요한 쟁점으로 다루어지고 있다. 아프리카 여성들은 우선 여성과 시민에게 이해와 동의를 얻어내기 위해 법 조항의 개정보다는 계몽에 힘쓰고 있고, 이러한 현상이 이미 일반화되어 있다. 아시아에서도 소수이긴 하지만 3년 전부터 '동성애 연대(Lesbian Network)'가 생겨 음성적으로나마 매년 모임을 갖고 각자의 어려움을 나누며 동성애를 합법화하기 위한 전략과 활동계획을 논의하고, 여성운동 속에 자리 잡기 위해 노력하고 있다. 그들은 여성운동가들에게 "여성들이 생각하는 차별과 폭력이 없는 새 세상에 우리들의 자리가 있기를 원한다"고 말한다. 그리고 그들은 한 여성으로서, 인간으로서 자유롭게 배우자를 선택할 권리를 원한다.

5. 여성에게 경제 정의를!

UN 산하 국제노동기구(International Labor Organization ; ILO)의 조사에 의하면 "세계 노동시간의 60%가 여성에 의해 이루어지고 있으나, 전체 소득 중 여성의 소득은 단지 10%에 불과하고 전 세계의 재산 중 1%만이 여성의 소유이다"라고 보고되고 있다. 남성들이 하는 일은 상품과 돈을 받고 하는 일이고, 여성들은 그 많은 일을 하면서도 보수가 없거나 남성의 반도 안 되는 적은 보수를 받고 있음을 단적으로 보여주는 통계이다. 여성의 동등권을 확보했음에도 실제 상황은 나아진 것이 별로 없다. 20세기에 들어와 급속한 경제발전 속에서 여성의 고용이 늘어난 것은 사실이나 여성에게 허용된 직종은 비서직, 생산직, 점원 등 서비스직에 머무르고 있다.

"나는 여자이기 때문에 우리 아버지의 재산을 상속받을 수 없고, 내 남편의 것도 내 것이 될 수 없으며, 사실 내가 살고 있는 집도 내 집이라고 말할 수 없는, 결국 나는 아무것도 없는 빈털터리죠."

한 인도 여성의 푸념이다. 그러나 이것은 한 여성의 말이 아니라 세계여성들의 외침이기도 하다.

한 예로 홍콩에서 경험한 이야기를 하고 싶다. 1990년 1월부터 4월까지 홍콩의 여성단체들이 두 가지를 요구하며 대의원회의실과 총관사 앞에서 투쟁할 때 나도 그들과 함께한 일이 있다.

두 가지 요구 중 하나는 1985년 나이로비 UN 정상회의에서 결의한 "여성의 평등과 평화" 선언문을 인쇄하여 모든 사람들이 손쉽게 볼 수 있는 장소에 비치하고, 이를 실천하기 위한 구체적인 계획을 세우라는 것이었다. 그리고 또 하나는 '새로운 지구(New territory)' 지역에 살고 있는 여성들의 요구로 여성들에게도 동등권, 재산권을 가질 수 있도록 법 개정을 하라는 것이다. 법적으로는 남편이 죽으면 땅과 재산소유권이 아들에게 넘어가고, 만일 아들이 없으면 가족 중에 남성들만 그 땅의 소유권자가 될 수 있다(특별한 유서가 없는 한). 그래서 그 동안 많은 여성들이 땅을 빼앗기는 일이 비일비재했다고 한다. 땅뿐만 아니라 모든 재산에 대한 권리가 여자에게는 없다는 것이다.

이 투쟁에서 "내 집과 땅을 마련할 때는 내가 날품팔이를 하여 얻게 된 것인데 왜 내가 이 땅의 주인이 될 수 없느냐"고 호소하며 세상에 이런 불공평한 일이 있느냐고 흐느끼시는 한 할머니를 보았다. 이는 할머니뿐만이 아니라, 수많은 여성들의 호소이기도 하다.

오랜 싸움 끝에 총독은 여성들의 건의를 받아들여, UN 선언문을 인정하고 여성에게도 동등한 재산소유권을 갖도록 법안을 개정할 것을 약속했다. 그리고 그해 6월 대의원회의에서 이를 통과시켰다.

이와 관련해 일어났던 사건 중에 하나를 소개한다. 그해 3월 22일 '새로운 지구' 여성들과 여성단체 50여 명이 대의원회의실 앞에서 회의장에 들어가는 위원들에게 호소하고 있을 때, 어디선가 200~300명이 넘는 남성들이 몰려와 여성들의 재산소유권을 인정하는 법 개정을 절대 반대한다는 시위를 했다. 이때 한 남성 위원이 불공평한 법을 어떻게 계속 유지할 수 있겠느냐며 질책하는 듯한 표정을 짓자, 그들은 그 위원에게 폭력을 휘둘렀다.

왜 이 남성들은 법 개정을 반대했을까? 물론 자기들의 소유가 적어지기 때문이기도 하지만, 여성에게 재산권을 주는 것은 자신들의 기득권을 박탈당하는 거라는 생각 때문에 이를 지키기 위해 몸부림을 치는 것이었다. 그들이 여성을 쳐다보는 눈동자는 마치 여성들이 적이라도 되는 듯 무서운 기세였고, 여성 시위대에게 돌을 던지고 빈 병을 던지는 등 폭력을 휘두르기도 했다. 그러나 여성들은 그들이 던지는 병과 돌에는 관심이 없다는 듯 무시했고, 그들과의 맞싸움을 거부하며 그저 묵묵히 자신들이 이루려는 법 개정안 통과와 폭력에 대한 항의에만 전념했다.

UN 정상회의에서 "여성 평등과 평화"를 선포한 지 수십 년이 지난 것을 생각하면 착잡함을 금할 길이 없다. 오늘날 여성들이 처한 현실은 20~30년 전과 별로 달라진 것이 없기 때문이다. UN 여성지원국 실무자의 말에 의하면 UN에서도 전체 간부 중 여성이 20%밖에 안 된다고 한다. 다만 세계 방방곡곡에 여성단체가 많이 생겨났고, 이를 통해 여성들이 목소리를 만들어가고 있다는 점은 희망적이라 하겠다.

여성노동자운동의 사례

1. 제3세계 여성노동자운동

1960년대 이후 선진국의 노동집약적 산업이 제3세계로 이전되면서, 본래 농업이 전업이었던 멕시코와 아시아 등의 나라에서는 새로운 산업 개발 정책이 선풍적으로 일기 시작했다. 자본이 급속도로 제3세계로 유입되자 특히 아시아의 경우, 80~90% 이상의 여성노동자들이 지방에서 올라와 공장에 고용되었다. 당시 노동 현장은 이런 값싼 노동자들에겐 최악의 상황이어서 짐승보다 못한 열악한 노동 조건 아래서 고통스럽게 일해야만 했다. 이러한 열악한 노동 환경을 개선하기 위해 시작한 운동이 여성들의 노동운동이었다.

대표적인 사례로는 1965년부터 1980년에 걸쳐 멕시코, 필리핀, 말레이시아, 인도네시아, 그리고 인도 등지에서 빈번하게 일어났던, 여성노동자들의 파업과 조직화 운동을 들 수 있다. 산업화가 진행되면서 여성에게도 일자리가 주어진 것은 사실이었지만 극히 제한되어 있었고, 차별과 부당한 대우는 말로 다할 수 없을 지경이었다. 그러니 여성의 능력과는 상관 없이 고임금 업종에는 취업이 어려운 건 불을 보듯 뻔한 사실이었고, 승진의 기회 역시 극히 제한되어 있었다.

여성에 대한 경제적 차별은 저임금과 차별임금으로 나타난다. 임금은 나라에 따라 차이가 있으나 대충 남성 임금의 50~70%의 수준에 머무르고 있다. 20여 년 전 산업구조조정에 의해 선진국의 노동집약적인 산업이 제3세계로 이동하면서 가장 큰 영향을 받은 것은 바로 여성들이었다. 이때 대부분의 여성들은 해고의 표적이 되었으며, 취업은 더더욱 제한되었다. 그러므로 저임금은 물론이고 어떠한 불이익을 받더라도 파트타임이나 임시직종 등을 선택할 수밖에 없는 상황에 놓이게 되었다. 이후 세계적으로 여성의 파트타임제와 임시직은 빠르게 증가하고 있다. '유럽 여성 개발원(Women in Development Europe ; WIDE)'의 보고에 의하면 여성 취업인구 중 28%가 파트타임직이고 일본은 35%에 육박하고 있다고 한다. 여성이 가사노동을 동시에 할 수 있어 이를 선호하는 경우도 있지만, 어쩔 수 없이 선택하는 경우가 대부분이다. 일본의 한 보고에 의하면 이름만 파트타임이지 그들의 노동시간은 일반 노동자와 다를 바가 없다고 한다.

1993년 미국 필라델피아에서는 '유연성 노동이 여성 생활에 미치는 영향'이라는 주제로 국제회의가 있었다. 이 회의의 참석자들은 각자의 경험과 현실을 나누는 자리에서 유연성 노동제는 그렇지 않아도 주변부의 위치에서 단순노동을 하는 여성들이 비정규직의 일차적 대상이 됨으로 인해 고용불안, 열악한 노동조건, 직업훈련 및 직업전망의 결여 등의 문제를 겪게 됨을 공통적으로 지적했다.

이러한 제반 문제를 노동조합을 통해서 해결하는 데 한계를 느낀 여성노동자들은 문제 해결을 위해 새로운 방향을 모색하고 있다.

2. 여성노동조합 운동

여성 문제가 노동 문제로 취급되지 않는 데서 오는 여성들의 고충은 참으로 컸다. 물론 여성노동자들의 의식이 낮은 것도 사실이지만 보다 근본적인 문제는 노동조합의 여성 문제에 대한 무관심이었다. 노동조합은 여성 특유의 문제를 다루기 위해 '여성부'를 두고 있으나, 노동조합의 적극적인 지원이 뒷받침되지 않으면 이 부서의 역할은 무의미해져 버린다. 설사 일정한 역할을 한다 하더라도 언제나 뒷전으로 밀리기 일쑤다.

20여 년의 청춘을 지하조직에 몸담으며 민족민주운동을 해 온 한 필리핀 친구의 말을 인용하고 싶다. 그는 20대에 교사라는 직업을 그만두고 지하조직에서 교육활동과 민중조직에 전념해 온 사람이다. 그는 결혼 3년 후 아이를 갖게 되자 출산휴가를 받았으나, 그 후에는 도와주는 부모도 안 계셔 아이 때문에 아무런 활동도 할 수 없었다고 한다. 3년 동안 아이를 키우고 조직에 돌아오니 자신과 함께 활동을 시작한 동지는 이미 높은 자리에 있었고, 본인은 처음부터 다시 시작해야 하는 처지가 되었다는 것이다. 그는 자신의 경험을 통해 여성활동가들의 활동을 지속시키기 위해서는 탁아사업이 중요하다고 판단되어 조직에 요청했으나 번번이 외면당해 왔다. 결국 별다른 방법을 찾지 못해 몇몇 동지들과 함께 작은 규모의 탁아소를 설립하여 활동가의 아이들을 돌보게 했다. 그런데 전국적으로 탁아소가 별로 없다 보니 이 탁아소가 정부의 표적이 되었고, 탁아소의 아이들을 추적하는 방식으로 지하조직 활동가들을 색출하기도 했다고 한다.

여성노동자들의 노동조합 활동에 장애가 되고 있는 가사노동과 육아, 출산 문제들을 해결하기 위한 대안을 요구했지만, 노동조합은 항상 이를 무시하는 것으로 일관해왔다(대표적인 민주노동조합조차도). 뿐만 아니라 여성노동자들이 산전·산후 유급휴가와 부모 휴가 등을 요구하며 싸울 때도 역시 힘을 실어주지 않았다. 그리고 조합원의 70%가 여성노동자들임에도 여성 중앙위원은 단 4명뿐이었다. 중요한 의사결정기구에의 여성 참여가 너무 낮다는 비난에 당시 민주노동조합 세력의 총연합체인 노동절운동(Kilusang Mayo Uno ; KMU)의 부위원장은, 여성 스스로가 남성 우월주의와 봉건주의의 영향으로 인해 가정 위주의 의식에서 벗어나지 못하고, 가정에서의 역할을 가장 우위에 둠으로써 노동운동에 적극적으로 참여하지 못하고 있기 때문이라고 말했다.

그러나 여성노동운동가들은 KMU가 여성들에게 기회를 주지 않았다고 주장했다. 노동조합은 여성조합원이 과반수를 넘는데도 여성지도자를 발굴, 육성하기 위한 아무런 계획도, 노력도 하지 않았다는 것이다. 1970년대 여성노동자들이 미혼이었다면 1980년에는 거의 기혼자들로 바뀌었다. 그런데도 노동조합은 여성노동자의 현실 변화에 대해 무관심하여 아무런 정책 대안들을 세워내지 못했던 것이다. 이런 상황 속에서 여성노동자들에게 남성과 동등하게 노동조합 활동에 참여하라는 것은 아이를 업고 경기장에 나와 경주를 하자는 것과 같은 논리라고 반박한다.

남성 중심의 노동조합에 지친 여성들은 그 해결 방안으로 독자적인 노동조합을 조직하기에 이른다. 그 대표적인 것이 100년 전에 조직된 덴마크의 '여성노동조합(Women Workers Union)'과 1975년에 세워진 멕시코의 여성섬유노동조합인 '9. 19 노동조합(September 19 Union)', 20여 년 전 조직된 인도의 가내공업 노동자와 청소부 등으로 구성된 여성노동조합(Self Employed Women's Association ; SEWA)이다. 또한 1980년대 말부터 조직되기 시작한 일본의 파트타임 노동조합과 여성노동조합 등을 꼽을 수 있고 이탈리아의 주부 노동조합 등이 있다.

3. 세계 최초의 여성노동조합 KAD

1995년 3월, 덴마크의 수도인 코펜하겐에서 UN 창립 50주년을 맞아 '사회발전을 위한 세계정상회의(World Summit on Social Development ; WSSD)'가 열렸다. 인간 중심의 사회개발이 이뤄져야 한다는 내용으로 세계 민간단체들이 주관하는 회의(NGO 포럼)를 통해 열띤 토론이 진행되었다.

이 회의에서 나는 아시아여성위원회(CAW)에서 일할 때 말로만 듣던 덴마크 여성노동조합(KAD)을 만날 수 있었고 그들의 활동을 알 수 있게 되었다. 이 여성노동조합은 NGO 포럼에서 거의 매일 워크숍을 개최했다. 특히 국제자유노동조합연맹(ICFTU)의 여성부, 인도 SEWA 등과 공동으로 세미나를 조직하여, 여성의 노동조합 활동과 '여성의 노동시장을 되찾자'라는 주제 하에 3일 동안 열띤 토론을 이끌어 가기도 했다. 또한 지루한 참가자들을 위해 매일 4회씩 배로 운하를 돌면서 시내 구경을 자유로이 할 수 있도록 친절을 베푸는가 하면, 조합원들이 회비를 내고 직접 설계한 본부 사무실에 참가자들을 초대하여 자신들의 활동과 조직을 상세히 소개해 주기도 했다.

▶ 여성만의 노동조합 KAD

KAD는 약 110년 전인 1885년 올리비아 닐슨(Olivia Nielsen)에 의해 조직된 독립 여성노동조합이다. 현재 64개의 지부에 10만 명의 조합원이 가입되어 있고, 여성노동조합으로서 덴마크 노총에 가입되어 막강한 힘을 발휘하고 있는 조직이다.

교육부장은 자랑스럽게 말했다. "KAD는 세계에서 단 하나밖에 없으며 최초로 조직되었고, 100여 년의 투쟁의 역사를 통해 덴마크 노동운동에 중심부를 이루는 자리에 서게 되었으며, 세계에서 단 하나밖에 없는 여성노동조합입니다."

그래서 난 그들에게 말해주었다. "아닙니다. 당신들의 노동조합은 첫 번째로 조직된 여성노동조합이지만 단 하나밖에 없는 것은 아닙니다. 아시아, 인도, 그리고 일본에도 10년 전, 그리고 5년 전에 조직되어 활동하고 있습니다."

위원장인 릴리안(Lillian)은 여성노동조합 창립 동기를 "그 시대에 남성 동지들은 여성을 마치 노동조합을 설립하는 데 있어서 걸림돌처럼 생각했다. 그래서 여성들이 노동조합에 가입하는 것을 원치 않았고, 노동운동을 자기들만의 것으로 만들었다. 그래서 여성들의 노동조합도 절대적으로 필요하다는 의지를 모았고, 우리들의 투쟁 역사를 통해 KAD는 강한 노동조합으로 발전했다. 우리의 과업인 완전한 평등을 이루기 위해 전진했고 또한 우리는 우리 동료 안에서 평등을 이루어 냈다"라고 힘주어 말했다.

KAD는 여성만을 조직한다. 조합원은 10만 명에 달하며 거의 모두가 단순한 노동직에서 일하는 사람들이고 주로 공장과 서비스직에 종사하고 있다. 조합원의 반에 달하는 숫자가 생산직에 근무하는 공업노동자이며, 주로 금속, 전자산업, 식품산업 등에서 일한다. 그리고 서비스산업 부문에서는 거의 청소와 빨래하는 (병원 등에서) 일을 하고 있고, 공무원 조합원 숫자는 서비스업종 조합원의 20%가 된다. 그리고 서비스업종에 일하는 조합원 중 60%는 시간제노동자로 일하고 있으며, 나머지는 정규직노동자로 일한다.

직장, 훈련, 교육, 그리고 사회 등에서 여성의 권익 보호와 평등권을 완전히 쟁취한다는 목표를 내걸고 KAD는 조합원들의 의식강화, 남성 중심의 노동운동의 구조를 개선토록 하는 활동에 주력하고 있다.

▶ KAD의 활동

64개의 KAD 지부에는 각 3명 이상의 상근자들이 근무하고 있으며, 조합원의 권익을 위해 일한다. 그들은 조합원의 요구가 있을 때 즉각 도와주려고 노력하며, 일상 활동으로 상담서비스, 직장 내 성차별 특히 여성에 대한 저임금과 성희롱 등을 해결하는 데 주력하며, 임금과 노동 조건을 개선하도록 교섭과 단체행동을 이루어내는 활동 등을 하고 있다. 또한 교육과 조사도 본부와 함께 일상적으로 진행하는 주요한 활동이다.

▶ KAD의 노력은 많은 것을 이루어냈다

오랜 싸움 끝에 드디어 1993년 KAD는 산후 휴가 6개월 유급과 육아휴직 1~3년을 관철하는 데 성공했다.

6개월의 산후 휴가는 3개월에 대해서는 산모만 전적으로 이용하도록 되어 있지만, 나머지 3개월에 대해서는 남편과 교대로 휴가를 이용할 수 있다. 뿐만 아니라 산전·산후 남편의 산모보호 휴가도 1개월을 유급으로 요구하여 법으로 정하는 성과를 이루어냈다.

육아휴직은 남편이나 산모 둘 중 한 사람이 휴직을 할 수 있도록 되어 있고, 휴직 기간 중에는 60%의 임금을 정부의 사회복지 예산에서 지급하게 되어 있다.

"아직 산후 휴가와 육아휴직은 극소수의 남성들이 이용할 뿐이다. 법안 통과가 된 지 불과 2년밖에 되지 않아 인식부족이라고 생각하며, 앞으로 교육과 홍보를 통해 남성들이 자기들의 의무와 역할을 다하도록 하겠다"고 교육부장은 말한다.

KAD 활동의 성과는 많이 있지만 그 중 한 가지를 더 소개한다면, 여성의 지위 향상을 위해서 실시하는 여성교육이다. 특히 직업훈련, 기술교육을 전담하는 특별부를 교육부와 복지부 산하에 두고, 실직한 조합원에게 기술교육을 시켜서 재취업할 수 있도록 하는 일을 전담하고 있다. KAD는 교육비 예산을 정부의 교육부처 예산에서 따냈다고 한다.

"우리 모두는 교육세를 내고 있다. 그러므로 당연히 우리들의 교육, 즉 노동자 정치·사회교육과 기술교육을 위해서 우리들이 낸 교육비를 갖다 써야 된다고 생각한다"라고 말한다.

그는 또 노동조합의 역할에 대해서, 다른 노동조합 활동과 똑같지만 특별한 것이 있다면 "우리는 여성노동조합으로서 조합원뿐만 아니라 전체 여성의 권리와 평등을 위해 일한다"라고 말한다.

KAD는 국내 활동뿐만 아니라 국제연대도 적극적이어서 유럽과 제3세계의 여성노동자들을 위한 교육훈련 프로그램에 재정지원도 했다. 이들은 "덴마크뿐만 아니라 세계의 여성의 평등과 권리, 그리고 직업의 안정과 평화를 위해서 노력하고, 이를 실천하기 위해 여성들의 지위 향상과 의식 개혁 등 지도력을 키우기 위한 교육훈련, 그리고 여성들의 조직활동을 위한 일들을 적극 협조해 왔다"고 한다.

▶ KAD 조합원들의 한국 방문

1995년 7월 중순쯤에 5명의 KAD 회원들이 한국을 방문하여, 전국노동조합협의회의 도움으로 여러 단체와 노동조합을 방문하고 돌아갔다. 그리고 한국여성노동자회를 방문하여 여러 가지 사항에 대해 논의를 했다.

우선 나는 이들을 다시 만나게 되어 반가웠다. 그중 한 사람은 경제학자로서 경제 전문위원이었고, 또 한 사람은 위원장을 도와 전체 KAD를 관장하는 사람이며, 두 사람은 지부 간부와 중앙위원이었다. 그리고 나머지 한 사람은 KAD에서 공모한 여성정책에 관한 부분에서 일등을 한 평조합원이었다.

이들이 한국을 방문한 이유는 세계의 기업이 다국적화되어 가면서 나타나는 여성 직업의 불안정과 변화에 대해 연구하고, 이에 대한 정책을 연구하여 정부에 대책을 요구하기 위해서라고 했다.

이들은 한국 방문을 통해 세계화가 현장에 미치는 영향을 직접적으로 느낄 수 있었고 많은 것을 배웠다고 했다. 특히 여성 동지들의 강도 높은 투쟁과 희생정신은 훗날 자신들의 싸움에 많은 도움이 될 것이라고 말했다.

또 이들은 한국 노동조합도 아주 중요한 국면에 와 있는 것 같고, 여성노동자들의 역할이 새로 탄생되는 노동조합에 큰 영향을 미치길 바란다며 안타까워했다.

"덴마크의 여성 지위가 한국보다 훨씬 좋은 조건이긴 하지만, 세계적으로 공통된 점은 여성의 위치는 언제나 어느 나라에서나 둘째라는 것이다. 덴마크가 그저 조금 나을 뿐이고 아직도 멀고 먼 길을 가야 한다"고 말하는 그들의 얼굴에서 동지애를 느낄 수 있었다.

KAD의 활동은 여성들의 강한 조직력만이 남성 중심의 노동운동의 구조를 변화시킬 수 있음을 우리 한국 여성노동자들에게 강하게 시사하고 있다.

이렇듯 활발한 운동을 전개해오던 KAD는 여성 독자노조에서, 몇 년 전 일반노조와 통합했다고 한다. 그 동안 그들이 요구하던 여성 문제를 정책적으로 받아 발전시킨 덴마크 노동조합의 노력이 이들을 통합할 수 있는 조건과 길을 열어주었기에 가능한 일이었으리라 생각한다.

4. 0 point 여성들의 힘이 세계를 움직인다

왜 '0 point'라고 표현하는가?

먼저 인도 이야기를 해보려고 한다. 인도의 한 여성노동자는 이렇게 말했다.

"내가 세상에 태어났을 때 우리 집안 식구들은 기뻐하지 않았답니다. 왜냐하면 모든 식구들이 아들을 기대했기 때문이죠. 우리 엄마는 나를 낳으시고 죄인이 되어 모든 수모를 감수해야 했다고 하셨어요. 엄마와 내가 공장에서 일하고 집에 오면 아버지와 오빠는 언제나 먹을 것을 갖다 줄 것을 나에게 요구한답니다. 뿐만 아니라 그들은 물까지 갖다 달라고 나에게 또는 우리 엄마에게 요구하지요. 나와 엄마는 음식을 만들어 먼저 남자들에게 먹이고 그 후에 그들이 남긴 음식을 먹는답니다. 또한 저는 초등학교 때 공부를 아주 잘했습니다. 중학교에 가고 싶어서 부모에게 애원하고 몸부림도 쳤지만 우리 아버지는 끝내 거절하셨어요. 여자가 공부해서 뭐 하느냐고 하시고 지금부터 내 남동생의 학비를 저축해야 된다고 하셨지요."

여성은 세상에 태어나는 것조차 거부당하는 일이 많이 있다. 임신한 부인은 뱃속의 아이가 남자아이인지 여자아이인지 성별검사를 한다. 뱃속의 아이가 남자아이라면 그 집안은 곧 축제의 분위기가 된다. 그러나 여자아이를 임신했다면 임산부는 갈등과 걱정으로 고민에 빠진다. 그러다가 결국은 낙태를 결정하는 일이 세상에는 너무 많다. 혹시 낙태하지 않는다 해도 그 아이는 뱃속에서부터 불안에 떨며 자라게 된다. 이렇듯 환영받지 못한 채 태어나 선택의 자유 없이 정해주는 남성과 결혼한다. 결혼을 함에 있어서도 여성은 혼수품 요구에 시달리게 되고, 요구를 다 들어주지 못할 경우 시집 가는 날부터 온갖 수모와 폭력에 시달리다가 심지어는 죽임을 당하기도 한다. 또한 여성은 남성의 소유물이라 여겨 남편이 죽으면 그 부인도 따라 죽어야 하는 '0 point' 위치의 사람, 그들이 바로 이 시대에 살고 있는 여성들이다.

인도 하면 제일 먼저 '가난하다', '인구가 많다', 또는 비폭력 운동을 전개한 마하트마 간디 선생을 생각하게 된다. 그리고 이런 험난하고 차별적인 사회에서 자신을 지켜내려는 노력를 하는 인도의 아메다바드(Ahmedabad)라는 작은 도시에서 조직된 자영여성회인 SEWA(Self—Employed Women's Association)가 있다. 섬유노동조합 운동을 하던 법률가 엘라바밧(Elabath)이라는 여성의 노력으로 만들어진 이 조직의 구성원은 빈곤층, 자영여성노동자들이다. 그들은 스스로의 노동이나 영세 사업(가내노동)을 통해 생계를 유지해 가는 사람들이다. 사업장이 있어서 복지 혜택이 있고 정기적으로 임금을 받는 노동자가 아니라, 보호받지 못하는, 아니 사회에서 인정받지 못하는 방치된 노동자들이다. 전체 노동력의 93%를 차지하는 그들은 비공식 부문의 노동자들이다. 특히 여성노동력 중 94% 이상이 비공식 부문에서 일하고 있고, 그들의 노동은 계산되지 않으며 따라서 눈에 보이지 않는다. 또한 어떠한 고정된 피고용—고용 관계도 없으며 생존을 위해 그들 자신의 노동력에 의존하는 노동자다. 그들은 가난하고, 문맹이며, 취약한 계층으로 자산이나 자본을 거의 가지고 있지 않다. 그러나 경제적으로는 매우 활동적이며 그들의 노동력은 경제와 사회에 매우 중요한 기여를 한다. 인도 국내총생산의 64%가

이들에 의한 것이다.

1972년 이들은 투쟁과 발전이라는 전략으로 완전고용과 자립이라는 목표를 달성하기 위해 노동자를 조직한다. SEWA는 노동운동, 생산공동체운동, 그리고 여성운동 조직이다. 이들은 여성들의 지도력과 자신감, 그들 가정 안팎에서의 협상력, 정책 결정과 의사 결정에서의 대표력을 강화하기 위해 해야 할 일이 많다.

발족 이후 진행되었던 활동들은 많은 결실을 맺기도 했다. 1986년에는 담배공장 축소화와 '가내공장으로의 외주'로 인해 선택의 여지가 없었던 상황에서, 도급제 하의 객공(임시로 고용한 직공)을 받아들일 수밖에 없었다. 그래서 최저임금제를 도입하도록 정부에 압력을 넣어 정책을 시행하도록 하는 데 성공했다. 또한 언제든 경찰이나 큰 상인들에게 억압당하고 불이익을 받는 행상인들을 위해, 시와 협상을 시도했다. 이들이 장사를 할 권리와 보호를 요구하며 긴 싸움을 이끌어 시에서 이들을 위한 대책을 마련하도록 만들어 갔다. 뿐만 아니라 사회보장제도 확립에 주력하고 있는데, 사회보장은 완전고용과 자립이라는 이들의 목적에 있어서 핵심적인 부분이라고 한다.

SEWA의 회원 수는 25만 여 명에 이른다. 노동조합에서도 조합원으로 받아주지 않는, 노동자로 취급되지도 않았던, 열악한 비공식 노동자들이 스스로 힘을 조직하여 국내에서뿐만 아니라 국제사회에서까지 목소리를 키워갈 만큼 강력한 조직이 된 것이다. 이들의 중요한 활동은 가내노동자들의 현실을 알리고 대안을 만들어 나가는 것이었다.

1995년에 SEWA는 비공식 영역의 노동조합들과 전국노동조합본부 NCL(National Center for Labour)을 조직한다. NCL 가입조합은 어업노동조합, 건설노동조합, 하청노동조합, 가내노동조합, 그리고 농업노동조합과 임업노동조합 등이다.

　이들은 노동자를 위한 사회보장제 획득에 활동의 초점을 맞췄다. 동시에 생존에 필요한 최저임금 캠페인을 선결 의제로 추진하고, 그해 NLI(National Labour Institute)가 개최한 전국 워크숍에서 최저임금이 그들의 중요한 정책 방향임을 확인했다.

　1972년 SEWA가 가내노동자를 조직하기 시작할 무렵 아시아 지역에서 같은 움직임들이 일어나기 시작했다. 아시아 대부분의 나라에서는 가내노동에 대한 국가적 관심 결여로 정보가 부족하고, 가내노동 문제에 대한 인식이 결여되어 있기 때문에 이를 사회적 문제로 부각시키고 인식을 확대해 나가는 작업이 필요했던 것이다.

　아시아에서 가내노동자 보호를 위한 캠페인은 민간단체들이 주도하는 운동으로서, 조직과 연결망을 구축하고 전술 활동, 조직화, 교육 훈련, 사회경제적 프로젝트, 신용자금지원 대출, 공적 개혁을 위한 로비와 지지, 기구 건설, 워크숍 참여 등의 활동을 해왔다.

　1988년 ILO가 가내노동에 대한 조사연구를 자체 사업계획으로 채택하여 연구 실시하도록 영향을 준 것은 큰 성과이다. 이들은 국제식품노련(IUF)에 가입하고, ILO의 노사정 3자 중 가장 큰 조직인 국제자유노동조합연맹(ICFTU) 총회에서 가내노동자들을 위한 협약안을 상정하도록 하는 일에 적극 동참하겠다는 합의를 얻어내는 데 성공한 것이다.

　이와 비슷한 노동조합과 여성노동자회가 남아프리카에도 조직돼 활동하고 있다. 그들은 SEWA의 조직과 활동을 보면서 자신들에게도 이와 같은 조직이 필요함을 느끼고 조직을 만든 것이다. 명칭 또한 비슷해서 자영여성조합(Self Employed Women Union ;

SEWU)으로 정한다. 그들은 SEWA와 함께 가내노동자와 자영여성노동자들을 조직하여 활동하고, 국제연대운동과 캠페인도 함께하고 있다.

이후 가내노동자 문제는 크게 부각되어 1990년 ILO 전문위원회의에서 가내노동자들을 위한 문항이 검토되었고, 더욱 더 활발한 운동이 전개되었다. 그 결과 1995년 82차 ILO 총회에서 가내노동에 대한 협약안을 정식 안건으로 상정하게 되었다. 그리고 그 이듬해 6월 20일 83차 ILO 총회에서는 가내노동을 위한 협약과 권고안이 상정되어 투표한 결과 채택되었다. ILO는 전 세계적으로 가내노동자들이 증가하고 있음을 인식하고 이들도 산업노동자의 한 부분임을 인정하여, 다른 노동들과 같이 국제법으로 최저 기준을 만들어 적용해야 함을 결의했다.

5. 파트타임 여성노동조합

일본에서는 1970년대 말부터 철도에 파트타임 여성노동자가 채용되었다. 그런데 이들 여성들이 부당하게 해고를 당해도 노동조합에서는 전혀 협조하지 않았다. 여성노동자들은 이때 남성지도력에 대해 비판적인 생각을 갖게 되었고, 여성들의 권익을 보호하기 위해 스스로 조직해야 한다는 인식이 생겼다고 한다. 그래서 우체국, 철도, 섬유공장에서 해고된 여성노동자들이 법정투쟁을 전개한 끝에 10년 만에 승소를 하게 되었고, 이 여성들이 중심이 되어 '여성의 자리'라는 여성노동자 단체를 조직했다. 그리고 여성의 법적 보호를 위한 상담의 필요성 때문에 상담전화를 개설했고, 이후 출판사, 소규모 공장, 서점에서 일하는 파트타임 여성노동자까지 조직하기에 이르렀다. 더 나아가 비정규직 여성노동자들이 정규직 노동조합에 가입을 거부당하고 있는 상황이니만큼, 여성노동운동의 필요성과 함께 노동자로서의 권리 확보를 위해는 노동조합을 건설하는 것이 필요하다는 인식 하에 여성노동조합을 창립하게 되었다.

노동조합이 설립된 이후 오사카에서 여성노동조합이 파트타임 여성을 조직했고 또 동경에서도 '와꾸와꾸'라는 여성 파트타임 노동조합이 건설되어 처지가 같은 임시직 여성들과 파트타임 여성들을 조직하기 시작했다. 그들은 거의 비슷한 상황에서 조직된 조합이고, 이름만 임시직과 파트타임이라 불리는 동지들을 조직하여 자신들의 목소리를 내어 급변하고 있는 실태를 사회에 알리고 권리보장을 요구하려는 조직의 목적이 있다. 그들은 조직을 확장하려는 노력보다 노동의 질을 높이고 부당한 대우, 특히 여성차별과 성희롱 문제 들에 대한 지원투쟁 등에 대해서 더욱 더 열심히 싸우고 있다.

몇 년 전 오사카에 있는 여성노동조합 사무실을 방문하여 그들과 함께 이야기를 나눈 적이 있었다. 그때 한 여성이 성공한 사례를 이야기했다. 그는 5명이 일하는 사무실에서 일하는데 사장이 그에게 몇 번 성희롱을 했다. 그 문제를 오사카 여성노동조합에 상담하여 여성노동조합이 곧 교섭을 요구했으나 사장은 그들을 비웃었고 대화하려 하지 않았다. 이에 대항해 매일 아침 유인물을 제작하여 사무실 부근에서 이 사실을 알리기 시작하자 일주일 만에 사장은 협상에 응했고, 그들의 요구인 공식 사과와 피해보상을 하기로 약속했다는 것이다.

이 조직들은 조합원이 보통 30명에서 200명 이하로 아주 적다. 그래서 상근활동가들이 아예 없거나 파트타임으로 일하는 상근자들이 있거나 아니면 대부분 노동조합 간부와 조합원들의 자원 활동으로 운영되고 있다. 이 노동조합은 크고 작은 일, 그리고 조합원 해고에 대한 대응 등 다양한 활동을 하고 있다. 이런 노력이 다른 불안한 일자리에서 일하는 여성들에게 가능성을 주었고 여성노동조합운동은 더욱 더 확대 발전되어가고 있다.

6. 직종과 나이를 뛰어넘은 동경여성노동조합

1995년 3월 19일 동경에서 '동경여성노동조합'이 조직되었다. 일본에는 몇 개의 여성노동조합이 조직되어 활동하고 있지만, 동경여성노동조합은 일본의 수도인 동경에서 처음으로 조직된 여성노동조합이기 때문에 그 의미가 더 크다고 할 수 있다. 위원장은 아시아 여성노동자센터와 가진 인터뷰에서 그들이 여성노동조합을 조직하게 된 동기와 활동에 대해서 이렇게 말했다.

"지난 몇 년 동안 노동조합 실무자들과 여성노동자들의 권리를 위해서 일하는 법률가(변호사)들은 여성들의 문제로 도움을 요청하는 부탁을 많이 받아 왔다. 이런 것만 봐도 일하는 여성들의 기본권 침해와 차별이 갈수록 심각해지고 있으며, 이들의 문제가 외면당하고 있음을 깊이 느낄 수 있었다. 노동조합은 남성 중심이기 때문에 여성 조합원이 여성 문제로 노동조합에 도움을 요청하러 가기에는 심정적으로 창피한 생각이 들었다고 한다. 그래서 6~7명이 중심이 되어 여성들이 쉽게 찾아와 자신들의 문제를 상담하고, 서로 나누고 힘을 기르도록 도와 줄 수 있는 조직의 필요성을 느끼게 되어 조직을 하게 되었다."

그들이 3월 4일에 설립 준비모임을 갖는다는 사실이 신문에 보도되자, 수없이 많은 여성으로부터 문의 전화가 오고, 용기를 주는 전화가 쉴 새 없이 걸려왔다고 한다. 그들이 노동조합 설립을 준비할 때는 조합원이 37명이었는데 설립하는 당일에 회원이 늘어 50명이 되었고, 그해 10월에는 120명으로 늘어났다.

조합원들은 파트타임, 임시직, 계약직 노동자 등으로 나누어져 있고 그들의 나이도 19세에서 60세까지 다양하다. 이 여성노동조합은 조합원 개별 가입이 가능하다. 직종, 직장 규모, 나이에 관계없이 조합원이 되고자 하는 이들을 받아들인다.

"다양한 직종의 여성들이 개별적으로 조합에 가입했다고 했는데 그렇다면 어떤 문제들이 있고 그 문제를 어떻게 도와주고 해결했는지요?"라는 질문에 위원장은 "9월 25일까지 189건의 상담을 받아 처리했다. 그 중에 가장 많은 것이 해고에 관한 문제였는데 37건이나 되었고 28건이 권고사직, 18건이 폭력, 16건이 성희롱, 14건이 작업이동, 그리고 10건이 체불임금 문제였다. 189건 중 가장 많은 비중을 차지한 해고, 강제사직에 관해 상담을 해 온 사람들의 나이는 30~50대였다. 그들은 회사 간부들과 협상을 벌였지만 문제를 해결할 수 없었다"고 답변했다.

기업인들은 나이든 여성들을 너무 쉽게 해고하고 젊고 싼 임금의 여성들로 그 자리를 채운다. 더구나 산업구조조정 하에서 여성들은 해고되거나 권고사직당하는 일들이 비일비재하다. 이때 기업인들은 항상 산업구조 재조정 패턴이 바뀌어서 어쩔 수 없다는 식으로 근속년수가 많은 나이든 여성들을 희생시키고는, 어린 여성들로 자리를 채우고 있다. 고용평등법이 10년 전에 제정되어 있는데도 아랑곳하지 않고 이런 현상은 다반사로 발생하고 있다.

"여성노동자들의 상황이 너무나 나빠지고 있고 그들은 근로기준법의 보호도 받지 못하고 있습니다. 예를 들면 휴일도 무급이고 잔업수당도 받지 못하고 있으며, 여성노동자들이 결혼이나 아이를 낳게 되면 퇴직 압력을 받습니다. 그리고 어떤 경우에는 결혼 후 남편으로부터 퇴직을 요구받기도 합니다. 또한 중요한 것은 정규직 노동자가 줄어들고 임시직과 파트타임, 그리고 계약직 노동자가 늘어나고 있다는 것입니다. 고용평등법은 성별의 차별뿐 아니라 모든 차별을 규제해야 하지만 오히려 기업인 측에 유리하게 적용되고 있음을 볼 수 있었습니다."

노동조합을 설립한 지 6개월 만에 기업과 37건을 협의했는데, 그 중 27건을 해결했고, 오직 한 건만을 지방법원에 고발했다.

여성노동자들이 좀 더 일찍 여성노동조합에 와서 도움을 요청했다면, 더욱 많은 문제를 해결할 수 있었을 거라고 한다. 그런데 노동자들은 먼저 근로감독관에게 의뢰했다가 복잡하거나 해결의 길이 보이지 않으면 노동조합에 오는 경우가 많았고, 그래서 시간이 많이 흐른 다음에 문제를 접수받기 때문에 문제 해결에도 시간이 필요하다고 한다.

동경여성노동조합은 위원장, 부위원장, 사무국장을 비롯해 12명의 중앙위원들로 구성되어 있다. 이들은 노동조합 운영에 누구나 참여할 수 있도록 열어놓고 융통성 있는 노동조합 활동을 하고 있으며, 중앙위원회에는 조합원 누구나 자유로이 참여할 수 있도록 돼 있다. 그리고 기존 노동조합과는 다르게 실무자나 간부들이 없이도 노동조합 활동을 계획하고 실천하며, 관료주의적인 체제를 배제하고자 노력하고 있다고 한다. 조합원들은 한 달에 한 번 교환 프로그램이 있는데, 보통 50여 명이 참석하며 친구들과 함께 참여하기도 한다. 또한 회의와 교육이 몇 사람에 의해서만 이루어지지 않도록 하기 위해서, 어떻게 문제를 다루고 해결하는지에 대해서도 조합원을 훈련시킨다.

모든 조합원이 노동조합 운영과 활동에 참여할 수 있도록 하기 위해 정해놓은 규칙이 있는데, 기업과 협상을 할 때 한 명 이상의 상근자가 참가하도록 한다는 점이다. 그리고 처음 협상테이블에 참가하는 조합원이 있으면 협상을 기록하게 하여 배울 수 있도록 배려한다. 이런 과정을 통해 모든 여성 조합원이 노동조합을 지도하고 그들의 인권과 힘을 기르고 있다고 굳게 믿고 있다.

그들은 힘주어 말한다. "여성노동조합 자체가 우리의 목적은 아니다. 우리는 이 운동을 통해 남성 조합원과 협조하면서, 여성노동자들이 실질적인 지도자가 되어 동등한 위치에서 노동조합 운동을 싹 틔우기 위함이기도 하다. 현재 우리는 우리 노동조합 운동의 전망을 여성노동자가 여성으로서, 인간으로서 자신의 권리를 지키며 행복하게 살아가도록 하는 데 초점을 둘 것이다."

2007년 1월 20일, 일본 동경에서 '여성노동자 대책본부(Action Center for Working Women)' 라는 이름으로 전국여성노동자협의회가 창립되었다. 이 조직은 동경여성노동조합을 중심으로 이곳 저곳에 설립되어 독립적으로 움직이고 있는 여성노동조합과 노동단체가 함께 모여 통합된 조직 활동을 하겠다는 시도이다. 이들은 변질되어가는 노동법을 지키고, 여성의 지위 향상과 차별 철폐를 하는 데 적극적인 활동을 하겠다고 선언했다. 일본에서는 그동안 보기 힘든 전국조직이 설립된 것이다.

7. 멕시코의 9. 19 노동조합
September 19 Union

9.19 노동조합(September 19 Union)이 유명해진 것은 1975년 9

월에 있었던 지진 후에 설립되었기 때문이기도 하다. 지진이 일어난 후, 멕시코 시내에 있는 중소 섬유공장들이 모여 있는 큰 빌딩(우리나라의 평화시장과 비슷함)이 무너졌다.

당시의 상황을 이렇게 말한다. "그때 많은 여성노동자들이 야간작업을 하고 기숙사에서 잠을 자고 있었기 때문에 사망자와 부상자가 상당히 많았답니다. 아침에 출근해 보니 정부도 기업주도 생명을 구하려는 노력은 안 하고, 남아 있는 물품을 보전하는 데만 급급해 있었어요. 하루아침에 직장을 잃은 수많은 노동자들에게는 아무런 대책 마련도, 보상도 하려 하지 않았습니다."

이들은 매일 무너진 회사 앞을 배회하다가 노동조합도 찾아가 보았지만 '챠로(Charro)'라고 하는 어용노조는 "천재지변을 어떻게 하느냐"는 식으로 냉대했다. 그러던 어느 날 자연스럽게 모임을 갖게 되었고, 스스로 힘을 모아 문제를 해결하는 길밖에 없다는 결론을 내려, 900여 명이 참여하는 여성섬유노동조합인 '9. 19 노동조합'을 결성하기에 이른다.

이들은 조직 강령에 노동자 지위 향상과 인권을 위해 싸울 것이며, 챠로와 같은 노동조합의 어용성에 항거하겠다고 밝혔다. 조직 운영은 자기만 생각하는 이기주의에서 벗어나 누구라도 이 조직에 참여하고 도울 수 있도록 열어 놓았다. 한 예로 여성 변호사, 교사, 여성운동가 중심으로 구성된 자문위원회가 있는데 이들은 노동조합의 모든 회의에 참여할 수 있도록 했다.

'9. 19 노동조합' 간부들에 의하면 "이 노동조합은 우리들만의 것이 아닙니다. 우리는 누구라도 우리의 뜻을 이해한다면 참여해서 우리 노동조합의 발전을 도울 수 있고 잘못된 점을 지적할 수 있어야 된다고 생각합니다. 우리는 자주적이고 민주적인 노동조합을 원하고 실천하려는 노력을 계속할 것입니다. 우리가 우리에게 필요한 부분만 요구한다면 그것은 이기적이고 독선적인 자만에 빠지게 되는 것이지요. 그렇다면 우리가 '챠로'와 다를 것이 별로 없다고 생각합니다."

문화의 차이라고 할까? 그곳에서 재미있는 일이 있었는데 나는 리사라는 여성노동조합 간부와 한 자리에 앉아 차를 마시게 되었다. 그가 나에게 '아이가 몇 명 있느냐?'고 물었다. 나는 '아직 결혼하지 못했다'고 했다. 그 후 그는 나에게 똑같은 질문을 반복하고 나는 반복해서 똑같은 대답을 했는데, 그는 화가 난 목소리로 "내가 언제 결혼했냐고 물었냐, 아이가 몇이냐고 물었지"라고 했다. 나도 받아서 "아니, 시집도 안 갔는데 어떻게 아이가 있을 수 있느냐"고 했다. 2～3분 침묵 끝에 우리는 폭소를 터트렸고 그 주변에 있던 사람들도 함께 웃었다. 우리는 서로의 문화가 다름을 알게 되었고 더 많은 이야기를 나눌 수 있었다.

멕시코에서는 결혼식을 그리 중요하게 생각하지 않는다고 한다. 그들은 남편을 동거하는 친구라고 호칭하고, 여성은 아이 낳는 것을 아주 중요하게 생각한다. 그들은 결혼식의 필요성을 느끼지 못한다.

그래서인지 '9.19 노동조합'의 조합원과 간부들 중 70%가 결혼식을 하지 않고 살고 있고, 그 중에는 위원장을 포함해서 혼자 아이를 키우는 사람들도 많았는데, 그들의 얼굴은 아주 밝았다. 그들은 이런 사실을 아주 자연스럽게 인생의 한 토막이라고 정리하고 꿋꿋하게 열심히 살아가고 있었다.

그곳에는 노동조합이 운영하는 탁아소가 있는데, 이 탁아소에는 80여 명의 어린이들이 있었다. 또 임시 탁아소가 건물에 마련되어 있어 노동조합 회의가 있을 때에는 간부들이 걱정 없이 아이를 맡기고 회의에 열중하는 모습을 볼 수 있었다.

멕시코에서 또 하나 놀라웠던 일은 빈민여성조직인 '권하묵 (connamuk)'이라고 부르는 단체다. 이들은 시청과 교육청이 아주 가까운 중심지에 100평쯤 되는 2층 건물의 센터가 있었다.

이 단체 회원들은 1년 간 무료공간을 제공할 것을 시에 요구하며 시청 앞과 안에 아예 천막을 치고 먹고 자면서 싸워서 얻어냈다고 한다. 그러던 중 그 건물이 정부에 속한 땅이라는 것을 알아낸 그들은 가격의 10%도 안 되는 돈을 20년에 걸쳐 갚기로 하고 건물을 인수했다고 한다. 이렇게 인수한 건물은 다른 단체들이 자유롭게 쓰도록 여성들의 도서실도 갖추어져 있었다.

권하묵 간부회의에 참석할 기회가 있었는데 이 자리에는 초등학생으로 보이는 아이들도 함께 있었다. 나중에 안 사실이지만 이 빈민여성들이 글을 쓸 줄 모르기 때문에 회의에 자기 자식들을 대동하고 참석해 필기를 하도록 한다고 한다. 회의 중에 중요한 사항이나 각자 실천할 일들이 나올 때면 어머니들은 자식의 어깨를 툭 치면서 "빨리 잘 적어"라고 필기를 요구한다.

'9.19 노동조합' 간부들이나 '권하묵' 간부들은 비록 배우지는 못했으나 힘이 있는 어머니들이었다. 그들은 자기의 역할을 충실히 실행하고 있으며, 몇 천 명이 가입되어 있는 조직체를 잘 운영하고 있는 훌륭한 어머니들이었다. 그들은 배우지 못한 것에 대해서 부끄러워하지는 않았지만 서운해 하고는 있었다.

"우리 집은 가난해서 딸인 나에게 높은 교육을 시킬 수는 없었겠지만 나를 초등학교만이라도 보냈다면 좋았을 텐데……. 우리 여성은 가난 때문에 제일 많은 피해를 입은 사람들입니다. 모든 기회가 남성들에게 먼저 가니까"라고 미소를 지어 보이면서 자기 자식은 절대로 차별을 두지 않겠다고 강한 의지로 말했다.

8. 아시아의 여성노동자 조직

얼마 전 인도에서는 국제 가내노동자 세미나가 열렸는데, 가내노동자가 편히 일할 수 있도록 탁아소 설치, 일정한 수입 인정, 공동 작업장 개설 등을 요구했다. 그들은 노동자로 인정받아 노동법에 의해 보호를 받기 위해서는 국제적으로 인정되는 특별법이 제정되어야 한다고 결론을 내렸고 현재 ILO의 합의 사항으로 상정되어 있다.

아시아에는 노동조합은 아니지만 대부분의 나라에 크고 작은 여성노동자들이 중심이 된 '여성노동자회'나 '여성노동자 센터' 등이 구성되어 있다. 이 단체들은 노동조합 밖에서 여성의 노동 문제를 연구하고 의식화하는 역할을 한다. 그리고 여성노동자들과 함께 여성들에게 불이익을 주는 구조와 제도, 차별 임금제, 수유시간, 산전산후 휴가, 부모의 육아 휴가, 탁아소 설치 등의 문제를 해결하기 위해 정책 대안을 모색하고 있다.

스리랑카에는 자유수출지역 여성노동자를 중심으로 조직된 '여성노동자센터'가 있고 타이에는 방직공장 여성노동자들을 중심으로 조직된 '여성노동자의 집'이 있다.

10년 전 타이에서는 방직공장 여성노동자들이 노동조합을 인정하고, 핵심 조합원의 해고 철회를 요구하면서 몇 개월 동안 투쟁한 일이 있었다. 그들은 회사 측의 부당함을 폭로하고 거리로 나가 시민들의 동참을 주장했다. 그러나 시민들의 냉대와 무관심에 실망한 여성노동자들은 머리를 삭발하기에 이르렀다. 타이에서는 여성들이 삭발한다는 건 사회와 대화를 끊겠다는 의미를 가지고 있다고 한다. 삭발 후 그들은 계속 투쟁을 했으나 사회의 무관심을 깰 수 없었고, 그러한 분위기에 지쳐서 투쟁을 포기하게 되었다. 그들의 투쟁은 성공하지 못했으나 그들의 정신은 노동자들에게 남아 공단에서 계속 권익을 위한 투쟁, 그리고 단결의 힘을 모으려는 노력으로 이어지고 있다.

'빠빠당'이라고 부르는 이 지역의 공단은 대체로 방직공장 중심인데 그러다보니 노동자들의 90%가 여성노동자들이다. 그들은 공동으로 노동자의 집을 마련해, 지역 노동자들의 모임과 교육 장소로 쓰고 있었다. 타이의 노동조합들이 워낙 취약하고 어용이라서 노동조합으로서의 큰 역할은 못하지만, 다른 NGO 단체와 함께 연차 휴가와 산전·산후 휴가, 탁아소 설치 등을 요구하는 큰 투쟁을 주도해 성공으로 이끌기도 했다. 그리고 지난 1993년 "민중들의 21세기를 연다"라는 NGO 국제회의를 주최하면서 준비위원회에 참석했고 또한 중요한 역할을 해냈다.

아시아에서 가장 큰 여성노동자들의 전국조직으로는, 필리핀의 KMK(Kilusang Mayo Kababahain)와 한국의 한국여성노동자회가 있다. 이 두 조직은 여성노동자운동을 선진적으로 이끌어 온 조직이고, 아시아뿐 아니라 다른 많은 노동자들에게 가능성과 희망을 주는 단체이기도 하다.

필리핀 여성노동자들은 자신들의 소식을 나누고 의식화를 위한 모임도 하며 교육 장소로도 사용할 수 있는 공간이 없다는 것을 깨닫고 1983년에 여성센터를 만들었다. 여성센터에서는 여성노동자들이 자유로이 이용할 수 있는 도서실과 노동조합 회의실 등을 두고 독서와 회의, 토론을 할 수 있는 공간을 제공했다.

이렇게 시작된 여성센터는 실질적으로 여성노동자들의 의식을 높이는 역할을 충실히 했고, 이들 의식화된 여성노동자들은 제조업 노동자들 뿐 아니라 서비스 등 다양한 업종, 직종에 있는 여성노동자들도 조직해야 한다는 것을 깨닫게 되었다.

그리하여 1985년 3월 8일 세계 여성의 날을 기해 200여 명의 노동자들이 모여 집회를 가진 자리에서 KMK를 결성하게 된다. 3월 8일은 여성노동자들에게는 공장 안에서만 해왔던 농성과 파업을 공장 밖으로 끌어낸 최초의 날이기도 하다.

KMK는 여성이 계급적, 성적 억압으로부터 해방되기 위해서는 여성노동자 자신의 단결과 투쟁에 의해서만 가능하다는 것을 조직의 목표로 삼았다. 여성에게 생산 노동에의 참여와 평등한 교육 기회를 보장하고, 조직 속에서 여성이 지도력과 잠재적 가능성을 충분히 발휘하게 함으로써 성적 불평등과 억압을 타파하기 위해 노력한다. 그리고 모든 성 차별을 추방하고 민족적, 과학적, 대중 지향적, 성차별 없는 문화와 교육을 실현한다. 가사노동에 대한 사회적 서비스 제공을 통해 이중 노동으로부터 여성의 해방을 꾀하며, 출산과 모성 기능에 대한 권리 보장 및 혜택을 확보한다. 또한 모든 정치운동에서 여성의 완전한 참여 확보 등을 위해 싸운다.

9. 니카라과의 '여성해방'

니카라과에서도 여성노동자가 증가하고 사업장에 많은 문제들이 제기되자, 해방군으로 활동했던 산드라는 노동 문제 해결을 위해 노동조합 조직가가 된다. 그는 자유수출공단 안에 있는 대만기업들이 노동조합을 설립하려는 여성노동자들을 성폭행하고 해고시키자, 문제 해결을 위해 노동자들의 파업에 동참했다. 그러던 중 산드라는 회사 관리인들에게 납치되어 구타당한 뒤 길거리에 버려졌다. 그 일로 병원에 입원하여 장파열 수술을 받고 두 달 동안 병원 생활을 하기도 했는데, 당시 노동조합에서는 산드라에게 어떠한 관심도 보이지 않았다고 한다.

이 사건 후 산드라는 일부 여성운동가들과 함께 노동조합운동을 정리하고 여성노동단체를 조직해, 이름을 '여성해방'이라고 붙인다. 이 단체는 독립적으로 여성노동자들을 의식화하고 조직하는 활동을 전개하고 있다. 자유수출지역에서 노동조합을 결성하는 것이 불가능해지자 그들은 노동조합을 통한 운동방법에서 탈피하여, 노동자들의 기본권리 회복을 위한 '윤리강령(code of conduct)'을 만들어 기업주에게 지키도록 서약서를 요구하는 운동으로 전환하고 나라 안과 밖에서 활동을 전개하고 있다. 이 캠페인을 진행하면서 여성노동운동가들은 남미 전체의 운동가들과 연대하여 풀어가려는 노력을 하고 있고, 또한 유럽의 소비자 운동조직(Clean Cloth Campaign) 등과 공동운동을 벌여가고 있다.

10. 미국의 여성노동자 조직

1968~1973년에 미국에는 많은 여성단체들이 조직된다. 이 여성단체들은 여성의 역할이 더 확대되도록 정부에 압력을 넣는 활동을 했다. 한편에서 대학여성회, 유권자연맹과 흑인 여성연맹 등도 그들의 목표를 '동등권' 법 개정에 두었다. 이때 여성노동조합원들은 여성들의 직장에서의 승진에 대한 요구를 하면서 여성운동가들을 반대하는 입장을 펴고 나왔다.

1974년 여성노동조합원들은 그들 중심의 여성노동조합연맹(Coalition of Labor Union Women ; CLUW)을 조직했다. 이 조직의 목적은 노동조합 안에서의 성차별 해소뿐만 아니라 여성보호를 위한 법률 제정에 있었다. 그들은 여성단체에서 요구하는 여성동등권(Equal Rights Amendment) 개정의 필요성에 동의했다. 그 후 CLUW는 적극적으로 생산직(Blue—Collar) 여성노동자들을 조직하기 시작했으며 새롭게 사무직(Pink—Collar) 여성노동자를 조직하기 시작했다. CLUW는 사무직 여성노동자와 생산직 여성노동자 모두에게 필요한 것들을 요구하며 여성운동을 전개하기로 했다.

11. 여성의 지위 향상을 위한 외채 탕감 운동

영국의 첫 번째 노동운동가 중 한 사람인 헨리 브로드허트(Henry Broadhurt)는 여성노동자들을 향하여 이렇게 말했다고 한다.

"여성동지들이여, 힘센 남자들의 경쟁사회에서 질질 끌려 다니지 말고 당신과 당신들의 어머니, 그리고 딸들을 위해 가정에서 공장에서, 그리고 노동조합에서 발생하는 여성에 대한 차별과 여성들이 안고 있는 문제를 갖고 나와 외치시오. 유럽의 거의 모든 노동조합 활동가의 태도는 여성이 남성 임금의 반을 받는 것을 당연하게 여기며, 또한 남성들은 여러분과 다른 산업의 역군이라고 생각하는 어두운 마음의 노동조합 활동가들입니다."

단순히 여성이라는 생각보다도 이 세상에 50%가 넘는 사회구성원인 여성들, 아니 평범하게 어머니, 파트너, 그리고 자신들의 딸들, 이런 차원에서 여성들을 위한 정책을 세우고 그들을 포함한, 그들을 위한 사회구조를 구상해 볼 수는 없을까?

라틴아메리카 여성과 서구 여성들은 이러한 불합리한 변화의 요인을 국제 정치와 경제 정책의 흐름에서 찾고, 정부, 국제통화기구, 다국적기업 등의 폭력적이고 차별적인 여성 정책에 그 책임을 묻기 시작했다. 또한 외채 문제 역시 정당하지 못한 국제 정치 경제의 관계에서 빚어진 것이므로, 다시 조사되어야 하고 마땅히 탕감되어야 한다고 주장했다. 외채 탕감 문제는 처음에는 라틴아메리카와 아프리카에서 민족해방운동을 전개한 여성들에 의해 시작되었다. 그들은 외채 상환으로 인해 여성의 빈곤화가 가속화된다는 판단을 내리고, 여성운동의 주된 관심을 외채 문제로 돌리게 되었다. 자기의 나라를 빚 위기에서 구제하지 못하면 불공평한 정치·경제·외교는 계속될 것이고, 여성들의 생활을 더욱 더 악화시킬 것이라는 생각에서 외채 탕감 문제를 필수적인 것으로 바라보게 되었다. 이 운동은 이제 어느 특정한 나라의 문제가 아니라, 모든 나라의 외채를 점차적으로 탕감해야 한다는 국제운동의 차원으로 진행되고 있다.

1994년 12월 '파리 클럽(Paris Club)'에서는 쌍방이 잠정적인 합의를 보았는데, 그 내용은 "외채를 줄이거나 탕감, 그리고 더 연기하는 것은 그 나라의 기술개발과 사회개발 프로그램과 사업계획에 따라서 결정한다"는 것이었다. 선진국 여성과 라틴아메리카, 그리고 아프리카 여성들은 외채 탕감이나 연기가 구조조정(Structure Adjustment)을 하도록 요구하는 도구가 되어서는 안 되며 무조건 탕감할 것을 요구했다. 특히 여성의 인권 증진과 지위 향상을 위해서는 경제발전에 도움이 되는 개발사업계획 진행과 외채 탕감이 선행되어야 하므로 하루 속히 실행해야 한다고 요구하고 있다.

12. 선진국 여성운동

　앞에서 말했듯이 선진국의 기업들이 싼 임금을 찾아 저개발국으로 옮겨가고 있으며, 유럽과 미국에도 실업 문제 등이 심각하게 대두되고 있다. 몇 가지의 극적인 정치·사회·국제 경제의 상황에서 경제 구조의 재조직화는 여성의 경제와 사회적 위치, 그들의 인권 문제에 심각한 위협으로 등장했다.

　그러므로 여성들은 산업구조 재조정의 한계는 무엇이고, 누구에 의한 결정인지, 그 정책이 여성에게 최고의 직업과 수입을 보장해 줄 수 있는 것인지, 있다면 어떻게 보장할 수 있는 것인지 등의 질문을 해야 한다. 나아가 여성들은 경제 정의에 입각한 정책을 올바르게 세워 내기 위해 노력해야 한다. 경제 정의란 공평한 임금, 부, 경제적 안전성, 그리고 경제적인 자유 등을 의미한다. 그것을 실현하기 위한 방법을 현재 진행되고 있는 몇 가지의 운동 사례를 통해 보고자 한다.

　선진국 여성들은 대체로 연대운동을 전개하고 있다. 그 대표적인 것이 외채 탕감 문제를 위한 캠페인과 다국적기업 및 자국 기업들의 저개발국에 대한 착취 행위에 항의하는 운동이다. 이들은 다국적기업이나 자국의 기업이 부당하게 저개발국 여성노동자를 착취하여 만들어 낸 물품에 대한 불매운동과 저개발국 여성노동자들의 파업에 연대하는 항의 데모, 그리고 악덕 기업인을 처단하기 위한 캠페인을 하고 있다. 그 한 예로 "깨끗한 옷을 입자!(Clean Clothes)"라는 내용의 캠페인은 다국적기업에게 ILO 기본 조약을 저개발국 여성노동자들에게도 적용할 것을 종용한다. ILO 조약에 따르지 않고 노동자들을 착취해서 만든 옷은 더러운 옷이니 입지 말자는 의미의 캠페인이다. 그리고 1년에 한 번씩 저개발국 여성노동자들을 초대해서 그들의 노동 조건을 듣는 계획을 가지고 있는데, 이러한 일련의 활동은 저개발국 여성노동자들을 돕기 위한 연대운동이라고 할 수 있다.

미국과 유럽에서 일어나고 있는 여러 가지 캠페인 중에 국제적으로 노동자의 기본임금을 정당하게 보장하여 인간답게 살 수 있도록 하기 위해, 기존의 차별임금제도를 폐지하고 새로운 기준으로 임금제도가 재조정되어야 함을 주장하는 운동이 있다.

또 한 가지는 유럽에서 시작되고 있는 것으로, 사회 개발은 지속적인 인간 개발을 통해서 이루어져야 하고, 빈곤 속에 있는 인간을 구제해야 한다는 기본 이념을 가지고 있는 운동을 들 수 있다. 그들은 '시민 기본 임금제(Citizen Minimum Salary)'를 실시해야 한다고 주장한다. 시민 기본 임금은 개인이 한 달을 먹고, 집세를 내고, 문화생활을 할 수 있도록 하는 것을 기준으로, 모든 시민이 직업이 있건 실업자이건 매달 받을 수 있도록 해야 한다는 것이다. 이 운동은 직업이 있는 이들이 세금을 지불하도록 함으로써 그 정책 실현의 대안을 찾아 활발하게 움직이고 있는데, 특히 유럽의 '유럽 여성개발원(Women in Development Europe ; WIDE)', '미국 여성대안개발회(Alternative Women in Development USA ; ALT—WID)'와 '새로운 모색과 여성대안개발회(Development Alternatives with Women for a New Era—The South ; DAWN)' 등이 중심이 되어 활동을 전개해 나가고 있다.

또 하나의 경제적 대안으로는 선진국 여성운동에서 중요한 위치를 차지하고 있는 사안이다. 가사노동과 육아, 출산이 당연히 여성이 해야 할 일로 치부되면서 그 경제적 가치를 평가받지 못해 왔는데, 경제 활동을 이윤 중심으로 보지 않고 지역 공동체의 삶의 질적 향상이라는 측면에서 평가하여 그 가치를 당연히 인정받아야 한다는 것이다. 경제적 측면에서 보면 출산은 재생산 노동이고, 여성의 가사노동은 실제 가정을 경영하는 경영 활동이고 가족의 건강을 돌보고 있는 중요한 임무인 만큼 그 가치를 인정하고, 이를 국민 생산량의 수치에 포함시킬 뿐만 아니라 사회사업이라는 넓은 의미에서 계산하여 인간 개발 수치에도 포함시켜야 한다고 요구한다.

선진국의 몇몇 노동조합들은 여성노동자 사업에 대한 목적의식적인 노력과 조직 내부에서의 정책적, 조직적 재정적인 지원이 적극화되지 않는다면, 결국 노동조합운동 전체의 힘이 약화되는 것으로 귀결될 것이라고 주장한다. 실제로 노동조합 조직 내부에서 여성노동자 사업에 대한 소극적 대응으로 인해 조직원이 감소된 결과를 쉽게 찾아볼 수 있다. 이러한 현실을 진단한 노동조합들은 조직 전체의 힘을 강화하기 위해 여성노동자 문제에 힘을 싣는 정책을 추진해 가고 있다. 앞에서 소개한 대로 여성노동조합으로 맨 처음 조직된 덴마크의 KAD가 독자 여성노동조합에서 일반 노동조합으로 통합하게 된 동기라고도 하겠다.

영국에서는 모성 보호를 위해 하나의 제도를 확보했는데, 여성이 임신과 출산을 할 때 돈을 지불하는 사회복지제도가 바로 그것이다. 이 돈은 여성의 은행 계좌에 들어가며 본인만이 찾을 수 있도록 되어 있는, 바로 아이를 둔 어머니를 위한 돈이다. 이들은 세계적으로 서명운동을 벌여 수백 개의 조직에서 서명을 받아 이를 UN 회의에 청원했다. 이 사안은 1995년 북경 여성 대회에서 가장 큰 논쟁거리가 되기도 했다.

전 세계적으로 노동조합운동의 발전은 인간으로서의 존엄성과 평등을 구현해 나가는 과정이었고, 이러한 인간성 회복은 소외되고 차별받는 여성들이 존중받아야 할 인간으로 다시 서고, 남녀가 차별과 대립이 아닌 협력과 우애의 관계를 회복하는 과정이기도 했다.

　이러한 세계사적인 흐름 속에서 이제 여성노동자의 어려움에 귀기울여 진정한 동지애를 갖고, 여성노동자의 조직화와 여성노동자 사업에 대한 방침과 관점을 수립하여 조직, 정책, 인력, 재정에서 과감한 지원을 아끼지 않는 것이 노동조합운동의 바람직한 방향이다.

여성운동의 전망
– 올바른 방향 정립을 위하여!

　'여성운동의 전망은 무엇인가'라는 물음은 지금까지 여성운동의 역사 속에서 계속 되어온 질문이었다. 이제 우리는 그에 대한 해법을 찾아 실천을 구체화해야 한다.

　스리랑카에서는 1978년 아시아에서 처음으로 여성운동가들이 중심이 되어 '여성의 목소리(Voice of Women)'를 조직했다. 이들은 현 정권의 자유경제정책에 의해 스리랑카가 선진국에 더욱 경제적으로 의존하게 되고, 이는 여성의 현실을 더욱 악화시키는 것이라고 말하며, 운동전략을 기층 여성을 통한 사회 변화와 평등권 쟁취에 두고 있다. 여성들의 투쟁과 운동은 어떤 사회에서든 간에 가난하고 억압받는 사람들이 투쟁으로부터 소외될 수 없고, 모든 형태의 억압을 반대하는 운동과 연결되어야 한다는 것이다.

　10여 년 전 이탈리아에서는 낙태금지법을 폐지하자는 운동이 여성들에 의해 추진되었다. 전통적인 가톨릭 국가이고 더구나 로마 교황청이 있는 나라에서 이 운동을 진행하는 것은 아주 힘든 일이었다. 많은 나라의 여성들이 과연 가능하겠는가 싶은 우려와 함께 이 운동을 지켜보고 있었다. 그러나 이탈리아 여성들은 신앙심이 깊은 가톨릭 여성들이 받아들이기 어려운 일임에도 불구하고, 끈질긴 계몽을 통해 동의를 얻어냈고 마침내 낙태금지법을 폐지하는 데 성공했다. 이것이 가능했던 것은 그들이 마을 구석구석마다 돌면서 여성 그룹들을 조직해 내었고, 그 그룹들이 중심이 되어 서명운동을 펼치고, 요청서를 법관, 국회, 정부에 보내 활발한 로비 활동을 벌였기 때문이었다.

'여성들의 행동 포럼(Women's Action Forum ; WAF)'은 파키스 탄의 연합체 성격을 띤 단체로 1981년에 조직되었다. 여성에 대 한 차별적인 법의 개정과 이슬람적인 정부정책을 거부하는 투쟁 을 계엄령 하에서 했다는 것으로 유명한 조직이다.

이 운동은 비록 중산층이 중심이 된 운동이었지만, 그들의 연행 과 구속으로 여성의 문제가 비로소 전 사회적인 문제로 대두되었 다. WAF는 이 운동을 파키스탄의 모든 여성들에게 퍼져 나가도 록 하겠다고 말하고 있고, 성차별적인 법에 의해 가난한 여성들 이 제일 많이 피해를 보는데, 생존권 확보를 위해 자신들이 대신 말하고 싸우고 있다고 주장한다.

그들은 법 개정과 경제구조 개선뿐만 아니라, 모든 억압으로부 터 여성들 스스로가 자유로워지기를 원하며, 기층여성들과 전략 적으로 결합하고, 그들을 위해 정치적인 투쟁과 활동을 전개해 나가는 데 열중하고 있다.

WAF는 공통점이 많은 남아시아 여성운동가들과 남아시아 워크 숍을 가졌다. 이 회의를 통해 서로의 경험과 지식을 나누고, 여성 에 대한 억압과 착취가 사회 곳곳에 만연해 있음을 확인하고 여성 운동의 통일점을 만들어냈다. 그리고 기층 여성들을 당장 여성운 동 대열에 끌어내기는 힘들지만 그들이 빠진 운동은 있을 수 없다 는 결론을 내렸다. 그들은 각 나라에서 실시하고 있는 다양한 여 성교육과 활동을 교류하며 연대의 틀을 만들어갔다. 남아시아 여 성운동가들의 목소리는 국제회의에서도 드높다. 그들은 연구 조 사와 다양한 운동 경험이 풍부하여 국제회의에서 발제자와 토론 자가 되는 일이 많다.

인도의 여성운동가들은 남성 중심의 사회에 지쳐 남성들이 경멸하는 것, 남성들만이 독점하고 있는 것들에 여성 스스로가 직접 가담함으로써 남성 위주의 사회에 도전했다. 이때 선진 여성운동가들은 담배를 피우는 일, 그리고 남성들에게만 해주는 행운의 실 팔찌 등을 하고 다녔다. 이 운동은 남성, 여성 할 것 없이 모두에게 "여자가!"라는 반발도 받았으나 이들은 끈질기게 추진했다. 이러한 활동은 아주 작은 저항이었지만 여성과 남성의 차별이 보편화되고 당연시되었던 사회에 문제제기를 한 것이었다.

　또한 인도에서는 오래 전부터 여성들이 여행할 때 남성들로부터 성희롱을 많이 당하기 때문에, 기차를 탈 때는 항상 긴장할 수밖에 없었다. 그래서 다양한 활동을 통해 여성 전용칸을 확보하였지만, 그곳 역시 곧 남성들이 장악하게 되었다. 그러나 지금으로부터 6~7년 전 여성단체들이 중심이 되어 여성 칸 되찾기 운동을 했다. 그들은 5~11명이 한 조가 되어 출퇴근 시간을 중심으로 여성 칸에 탑승하여 남성 탑승객들을 모두 밀어내는 운동을 한 것이다(그때 그 칸에 있던 여성들이 모두 합세하여 거들었다고 한다). 그러기를 3개월, 남성들은 여성들이 두려워서 더 이상 여성 칸에 탑승하지 않았고, 여성 칸은 다시 평온을 되찾아 서로 모르는 여성들끼리도 오순도순 모여 이야기도 주고받으며 편안하게 여행할 수 있게 되었다고 한다.

　내가 친구와 여성 칸에 타고 자유로이 앉아서 서로 이야기를 주고 받으며 여행하고 있을 때였다. 7살쯤 되어 보이는 남자 어린이와 어떤 남성이 이 칸에 오르는 것을 보고는 나도 모르는 사이에 "저기 남자와 남자 어린이가 타고 있다"고 소리쳤다. 이때 그 남성은 "아닙니다. 저는 차표를 검사하려고 온 사람입니다"라고 했다. 우리는 모두 웃었고 또 한 여인이 "어린이는 괜찮아요"라고 말했다.

　인도의 SEWA는 사회구조와 경제구조의 변화를 목표로 3만 여명이 넘는 회원을 확보한 조직이다. 중요한 이슈를 지역에서부터 국제적인 무대에까지 끌어올리는 대단히 힘 있는 단체인데, 한때 인도 여성단체들의 협의회와 공동활동을 거부한 적이 있다. SEWA는 인도 여성의 80%가 문맹인이고 가난하며 활발하게 경제활동에 참여하고 있으나, 그들이 보내는 시간의 90%를 일하는 데 쓰고 있는데, 바로 이런 여성들과 관계된 문제들이 여성운동의 중심이 되어야 한다고 주장했다. 그런데 인도의 많은 여성단체들은 중산층 여성들이 중심이 되어, 전체 여성의 80%에 달하는 가난한 여성들의 현실을 무시하고 외면한 채 평등과 민주주의를 외치고 있다는 것이다. 이렇게 가난한 여성의 문제를 중심으로, 가난한 여성들을 주체로 세워 그들을 운동에 참여시킨 SEWA의 건설과 활동은 여성운동의 큰 성과로 평가받고 있다.

　남아프리카의 여성운동가이며 민족운동가였던 친구가 있는데, 이 친구의 경험을 이야기해 보고자 한다. 지하조직에서 민족운동을 할 때에는 남성 여성 가리지 않고 가사노동을 포함하여 모든 일을 똑같이 나누어 하는 것을 원칙으로 정하고 그렇게 실천했다고 한다. 그 후 점차 시대가 좋아져서 많은 사람들이 고향에 돌아가 살며 결혼도 했는데, 그들은 하나같이 순하고 의식이 없는 여성과 결혼했다고 한다. 그가 결혼한 사람의 집을 방문했을 때, 그 동지의 부인들이 마치 종처럼 남편을 위해 서비스하는 모습을 보고 어떻게 저렇게 변할 수 있을까 하는 의구심을 갖게 되었다고 한다. 결국 여성의 권리는 여성 스스로가 찾으려고 노력해야 한다는 결론을 내렸다.

　"우리가 피를 흘리고, 죽음을 무릅쓰고 투쟁을 한 것은 또 다른 차별의 세상을 만들기 위한 것이 아니다. 우리는 어디에서나 내가 세운 가정, 단체, 그리고 노동조합에서도 나를 그저 말 잘 듣는 심부름꾼이기를 바란다면 우리는 그들의 동지가 되는 것을 거부한다." 내가 네팔의 '헤트워타'라는 공업단지를 방문했을 때 참석한 회의에서 고마라는 여성노동자의 외침이었다.

이 회의에 참석한 사람들은 20여 명이었고 모두 방직공장에서 일하고 있었는데, 그들의 나이는 얼핏 보기에 40대 중반으로 보였으나 사실은 20대 후반에서 30대 초반이었다. 그중 고마는 팀장이었는데 노동조합의 간부직을 맡고 있었고 연맹의 중앙위원이면서 여성연합단체의 부위원장직을 맡고 있었다. 그는 내가 왜 여성단체에 들어가게 되었느냐고 했더니 이렇게 말했다.

"공장에서 일어나는 착취와 억압을 바꾸는 운동은 여성에게 있어서 한 부분에 불과하지요. 그런 문제들은 노동조합을 통해서 바꾸어 나갈 수 있겠지만 내가 여성이기 때문에 받는 문제는 노동조합을 통해서 해결할 수 없더군요. 나는 우리들의 문제인 차별임금 등에 대해서 노동조합에 해결하도록 강하게 요구했지만 남성 동지들은 나의 적이 되어 나를 향해 화살을 당기더군요."

그래서 이런 경험을 한 후 여성은 공통의 운명과 과제를 지니고 있다는 것을 새삼 생각하게 되었고 여성이 조직되어야 한다는 것을 깊이 느꼈다고 한다.

고마는 17살에 부모의 결정에 따라 결혼을 했고 결혼 후 3년이 되었을 때 남편은 아무 말 없이 농토를 팔아 두 자녀와 그를 떠났다고 했다. 남편이 돌아오길 기다리다가 생계에 위협이 닥쳐와 두 자녀를 이웃에게 맡긴 채 먹고살 길을 찾으러 이 도시에 왔고, 그는 벌써 15년을 이곳 방직공장에서 일해 두 자녀의 양육비를 보내면서도 노동운동과 여성운동에 소홀하지 않는다. 그는 남편이 떠난 지 5년 되는 해에 그가 이웃 마을에서 다른 여성과 결혼하여 살고 있다는 것을 알았다고 한다.

놀라운 것은 이 회의에 참석한 20명 중 4명이나 1990년에 있었던 민중의 항쟁에 앞장섰다가 군인의 총탄에 다리와 팔을 맞았고, 그들은 아직도 파편을 꺼내지 못해 통증에 시달리고 있다는 사실이었다. 그런 통증에도 불구하고 그들은 현장과 여성운동의 자리를 지키며 여성의 지위 향상을 위해 노력하는 아주 강인한 사람들이었다.

그들은 말한다. "우리는 모든 운동에 앞장섰고, 우리들 중 어느 사람들은 자기 남편이 지하운동을 하도록 가족의 생계를 책임졌고, 우유부단한 남편들을 수없이 용서했다. 그런데 남성 동지들은 우리가 글씨도 모르고 높은 교육도 받지 못했기 때문에 지도자가 될 수 없다고 우리들을 무시했다."

그들의 말처럼 가정, 단체, 노조, 그리고 사회에서 언제나 여성은 아직도 둘째로 존재하고 있다. 여성의 문제를 해결하기 위해서는 여성들이 조직하여 그 힘으로 해결할 수밖에 없다는 그들의 굳은 의지는 많은 경험을 통해 터득한 것이다.

니카라과와 필리핀의 민족해방전선에서 운동했던 친구들은, 경험을 통해 사회 문제가 해결되면 곧바로 여성 문제가 해결되는 것이 아님을 느꼈다고 한다. 여성 문제는 별도로 여성운동의 영역에서 해결해야 한다는 교훈을 얻게 되었다는 것이다.

쿠바에서는 남성이 가사노동을 의무적으로 하도록 법으로 명시되어 있다. 만일 남편이 가사노동을 하지 않으면 부인은 이를 법원에 고발할 수 있고, 그 남성은 처벌을 받게 된다. 그러나 지금껏 고발된 건 거의 없다고 한다.

1995년 3월에 덴마크의 코펜하겐에서 '지속 가능한 사회 개발을 위한 세계 정상회의'가 열렸다. 이 때 NGO들도 포럼을 가졌는데 2만여 명의 참가자 중 70% 이상이 여성들이었다. 이는 여성들이 사회개발과 평화를 위한 일에 대거 참여하고 있다는 증거이기도 하다. 특히 주목할 만한 것은 정상회의에서 각 나라의 지도자들이 외채(차관) 문제를 다루기 이틀 전부터 2,000여 명의 여성운동가들이 정상회의 장소 앞 로비에서 외채 탕감을 주장하며 단식 농성을 벌였던 것이다. 이 농성은 각 나라 지도자들이 외채 탕감 문제를 심사숙고하게 만들었고 그들의 결정에 큰 영향을 주었다.

한편 한국의 남성 참석자들 중에는 여성들이 모든 것을 장악하고 주도해 나가는 것을 보며 '여성'이라는 말만 들어도 지겹다고 하는 사람들도 있었지만, 한 남성으로서 여성들에게 차별과 억압을 가하는 남성 중심의 사회를 미안해하고 여성운동에 적극 참여하는 남성들도 점차로 많아졌다.

1995년 9월 세상을 떠들썩하게 한 세계여성대회가 북경에서 열렸다. 여성운동가들은 NGO 포럼에서 '여성의 눈으로 세상을 보자'라는 주제로 한 자리에 모였다. 이 모임에는 여성운동을 하는 남성들도 많이 눈에 띄었다. 여성들은 여성의 인권은 인간의 기본권이라는 것을 다시 한 번 외쳤고 후퇴하지 않고 전진할 것을 결의했다.

물론 많은 토론회에서 흑인이 백인을 공격하는 것을 볼 수 있었으나, 반면 공동으로 토론회를 주최하는 모습이 더욱 많았다. 특히 이번 과정에서 느낀 것은 제3세계 여성들의 목소리가 커졌다는 점이었다.

100여 년 역사의 여성운동은 많은 경험을 가지고 있다. 그리고 그 지도력은 국제회의를 통해 과시되기도 했고, 탄탄히 쌓아 올린 역사가 있어 동유럽 사회주의 나라들의 몰락에도 흔들리지 않았다. 그리고 근래의 여성운동은 한 가지 사상에 의한 분석과 방법만을 고수하기보다는, 모든 사상과 분석에서 시작된 운동의 경험들을 포괄적으로 받아들이고 여러 방향으로 다양하게 전개하고 있다. 공동전선을 구축하여 선진국 여성들이 제3세계 여성들의 의식화와 보호를 위해 모금을 하고, 구체적으로 지원하며 연대하는 모습도 흔히 볼 수 있다. 여성운동을 제3세계 여성들과 함께하기 위한 여러 방법이 모색되어 운동을 전개하고 있고, 북경 세계여성대회에서도 여성 문제는 전 세계의 여성들이 연대해야만 해결될 수 있다고 입을 모았다.

여성의 문제는 갈수록 태산이라고도 하지만, 여성운동의 경험이 축적되고 있고 그러한 경험은 역사적으로 많은 것을 이루어 냈다. 그리고 여성들이 가정과 직장, 학교, 자녀 교육 등에서 여성의 권리를 확대시키고, 올바르게 실천하려는 노력이 증폭되고 있는 만큼 여성운동의 범위와 활동은 더욱 확대되고 한 발 한 발 전진해 나갈 것이라고 확신한다.

많은 남성(남편)들이 구체적인 현실의 생활에서 제기하는 문제들을 이야기하면서 글을 마치려 한다. 많은 남성들은 여성운동가들에 의해 가정의 평화가 파괴되고 있다고 주장한다. 여성운동가들이 평화로운 가정을 파괴하고 있는가? 그럴 수도 있다. 그렇다면 진정한 평화란 무엇인가?

한 예를 들어보자. 브라질—하리존(Harizone)의 평화로운 마을에서 개발을 위해 이 마을의 아름다운 경치와 사람들의 삶을 파괴시키려고 할 때 주민들은 개발에 반대하고 항의했다. 농민들이 그들의 삶의 터전에서 쫓겨나는 것처럼, 인간 사회의 조화를 누군가가 깨뜨리려고 할 때 그들은 저항하고 일어설 수밖에 없다. 노동자들이 자기의 권리를 지키기 위해서 기업주에게 대항해 투쟁하는 것은 바로 진정한 '평화'를 쟁취하기 위한 것이다.

여성의 저항도 다르지 않다. 물론 당장 여성이 불의에 저항하지 않는다면 일시적인 평화는 가능할 것이다. 여성들이 남성에게 집안일을 나누어 하자고 하지 않고, 밤에 교대로 일어나 아이에게 우유를 먹이고 기저귀를 갈자고 요구하지 않는다면 그곳에는 일시적인 평화가 있을 수 있다. 분쟁은 여성들이 여성의 정의와 평등을 제기하고 요구하면서 시작된다. 하지만 이것은 진정한 평화를 위한 일시적인 분쟁이다.

소위 말하는 평화로운 가정을 가까이에서 보자. 수많은 가정에서 부유하건 가난하건, 학식이 높건 낮건 상관없이 부인들이 매를 맞고 굴욕과 억압 속에서 살고 있다. 수많은 가정에서 여자아이를 낳으면 능력이 없는 여자로 치부된다. 수많은 가정에서 과학의 도움으로 뱃속의 여자아이를 극약으로 해결한다.

한 조사에 의하면 세상에 태어나서도 여자아이는 남자아이에 비해 더 짧은 기간 젖을 먹고, 더 적은 양의 음식을 먹으며, 더 드물게 병원을 이용한다고 한다. 이것을 '평화'라고 말할 수 있는가? 결혼한 새색시가 혼숫감 때문에 쫓겨나고 친척으로부터 모욕을 당하고 스스로 죽을 것을 요구받는 이 사회가 평화로운 사회라고 할 수 있는가? 이는 진정한 평화와 민주주의가 아니다. 여성들의 활동은 여성들의 권리 신장뿐만 아니라 이 사회에 진정한 평화와 평등을 실현하기 위한 것이다. 바로 인간해방을 위한 운동이다. 그렇기 때문에 여성들은 이러한 사회발전이라는 역사적 책무를 다하기 위해 스스로 처해 있는 삶의 현장에서부터 더욱 치열하게 투쟁해야 한다.

세계화와 여성노동자

1. 세계화와 빈곤의 심화

세계화란 지구가 세계 자본가들의 중심구조 속으로 통합되는 것이라고 생각한다. 통합구조에는 생산품, 재정, 시장 등이 포함된다. 지구화 또는 세계화가 마치 유일한 발전모델인 양 모든 나라가 이 대열에 앞다투어 가느라 서로 경쟁을 하고 있다.

신자유주의적 세계화는 국민국가의 경계와 규제를 넘어— 국경없는— 전 세계적 시장지배를 가속화하면서 자본의 자유를 극대화시켰다. 모든 것들이 세계 어디든 쉽게 이동하고 있다. 공장이 움직이는 것은 적어지고 자본과 일감들이 이동하고 있다.

세계가 소위 20대 80의 사회로 선진국과 미개발국 간의 격차 역시 심화되고 있음을 알 수 있다. UNDP, UN 개발기구의 자료에 의하면 세계 인구 중 20%의 부유층의 소득이 1960년에는 전 세계 소득의 70%에서 1994년엔 86%로 상승했다고 한다. 이런 사회경제적 불평등의 양극화로 새로운 빈곤과 최하층의 빈곤이 더욱 증가하고 있다. 이러한 빈부격차의 심화는 빈곤층의 다수를 차지하고 있는 여성의 현실을 악화시키는 상황을 초래하고 있다. 세계적으로 13억에 달하는 절대 빈곤층 중에 여성이 차지하는 비율이 70%를 넘어서고 있다.

오늘날 신자유주의로 인해 국가들과 기업들은 더욱 치열한 시장경쟁을 벌이고 있다. 경쟁은 지속적으로 공장에서 생산가를 낮출 것을 요구하고, 이 억압에 국가들은 한정된 외국 자본의 유치와 투자자를 유치하기 위한 경쟁을 해야 한다. 그러기 위해서는 투자자들의 요구에 부응하는 조건을 받아들여야 하고, 또 정부들은 이 방법을 선택하여 진행한다. 그러므로, 존재하고 있는 규제와 규정을 완화하고 기업에 이익을 주는 반면 노동자들의 권리는 약화되어 가고 있다. 국제통화기금(International Monetary Fund ; IMF)과 세계은행(World Bank;WB) 등은 자본으로 이 과정에 깊이 관여하고, 구조조정 정책을 통해 중요한 역할을 담당하고 있다.

IMF의 구조조정 프로그램(Structural Adjustment Program: Official Aims VS. Actual Experiences)은 IMF과 WB의 요구에 의해 이루어지고 있다.

1980년에 세계가 어려움에 빠져 있을 때, IMF와 WB가 약으로 처방한 구조조정 프로그램이 제3세계와 동유럽 나라 등 70여 나라에서 파격적으로 이행되기 시작했다. IMF와 WB는 구조조정 프로그램을 두 가지 방법으로 지원했다. 첫 번째는 단기안전성 경제긴축 형에 따라 필요한 구조조정을 실시하는 것이었다. 1980년 초, IMF의 통화안정 프로그램(The Stabilization Program)은 회계 적자를 줄이기 위해 특정 정책 목적에 맞추어져 있었다. 그러나 통화안정에 이르기보다 더욱 더 빚에 의존하게 되어 빚에서 벗어나지 못하고 있는 현상을 초래하자, 그 당시 미국의 재무장관 제임스 베이커(Mr. James Baker)가 이를 해결하기 위해 새로운 전략을 내놓았다. 이 전략 하에, 1985년 WB는 채무국에 대해 더욱 더 광범위한 조건을 부과할 것을 요구했다. 이 조건이 바로 구조조정 프로그램으로 잘 알려졌다. 1986년, IMF는 이 프로그램을 실행했고, 1990년 거의 모든 나라들이 IMF와 WB로부터 차관을 들여올 때, 이 광범위한 구조조정 프로그램의 조건을 받아들여야 했다.

2. 통화안정 프로그램
The Stabilization Program

IMF와 WB의 통화안정 프로그램(The Stabilization Program)은 다음과 같은 내용을 포함하고 있다.

- 화폐평가 절하
- 정부의 지출 삭감(축소)
- 시장자유화, 가격조정
- 실질적 수익을 압축, 노동시장의 자유화

그리고 구조조정 프로그램(The Structural Adjustment Program)의 통화안정 프로그램은 다음과 같은 구조개정이 포함되어 실행되고 있다.

- 자유무역 : 그 동안 보호해왔던 국내 산업 분야를 더욱 더 경쟁하도록 만든다.
- 은행구조의 자유화와 정부가 조정하던 은행 등에 대한 민영화를 요구한다. 인도는 정부 통제 하에 있던 은행, 농업과 공업 등이 모두 정부의 통제력을 잃었다. 지금은 통화기금의 정책이 조정하고 모든 이자율 등은 통상무역과 자유시장에 의해 정해진다.
- 그 동안 정부가 운영하던 공기업과 금융기관 등이 민영화되고, 많은 나라들은 이미 공공 기업을 외국자본에게 실질적인 투자액의 최저가로 팔고 있다. 지금은 동유럽에서도 이 프로그램이 실시되고 있다.

- 정부가 진행하던 공익성 분야 프로그램을 철회한다. 이를테면 교육과 건강과 보건 프로그램에 대해 정부 보조가 있던 분야가 민영화된다.
- 정부가 운영 관리하는 사업들 중 비생산적인, 재정보조가 들어가는 사업을 재구성하여 자체적으로 운영비 조달이나 수익을 내는 프로그램계획으로 전환하게 하는 것으로 많은 공무원들이 실직 상태가 된다.
- 세금의 재구성 : 이 요구는 중간 소득자들에게 큰 세금을 내야 하는 부담을 주게 된다. 그리고 소농에게까지 영향을 끼친다.
- 빈곤 완화 발전을 위한 계획 : 사회발전 기금의 설치를 통해 구조조정으로부터 발생하는 피해자와 사회적 영향 등을 위해 마련한 기금으로, 빈곤층이 타깃이 되는 골격이다. 이런 것들이 확대 포함되어 있다.

위 내용을 표로 나타내면 다음과 같다.

＊구조조정 프로그램

정책	공식적인 목적
1. 화폐평가 절하(돈의 가치 하락)	차관 갚기 위한 외화벌이
2. 수출량 높임	수출 증가와 수입 저하
3. 정부지출 삭감	과도한 사회요구적 지출 축소
4. 민영화	능력 있는 기업에 매매
5. 수입 규제 완화	국제경쟁력을 높이고 능률 향상
6. 높은 이자율	최상의 능력 있는 자본가의 투자 유치
7. 제한적 돈 공급	인플레이션(inflation) 조정

이에 따른 실질적인 경험을 설명하면 다음과 같다.

1. **차관(외채) 갚기 위한 외화벌이**—기아를 없애기 위해 선택한 농업이 수출 농업으로 바뀌면서 외국시장에 대한 의존도가 증가하고, 수출에서 벌어들인 외화는 개발에 투자할 여유 없이 외채 갚기에 급급하다. 반면 나무를 베어내고 수출농산품에 사용하는 살충제 등으로 생태계의 손실을 가져왔다. 발전소 건립과 큰 댐 건설, 용수로 프로젝트와 호텔건축 등으로 환경이 파괴되고 또 농촌 농민들은 삶의 터전에서 쫓겨나온다.

2. **수출 증가와 수입 저하**—UN의 조사에 의하면, 주요상품 가격은 수출할수록 같은 시장에서 경쟁을 해야 하므로 수출 증가로 인한 소득은 아주 적게 나타났다.

3. **과도한 사회요구적 지출 축소**—교육, 의료서비스, 위생설비, 관수, 전기, 도로와 교통수단 등의 공급예산을 축소한다.

4. **민영화**—능률을 높인다는 이유로, 공익성 있는 그리고 사회적으로 유용한 분야인 전기, 교통(기차·전철), 전화국 등을 민간기업에 넘긴다. 그 동안 정부보조 등으로 가격조정 등이 이루어졌던 분야가 이렇게 민영화가 되고 이익 우선으로 운영이 되면서 모든 가격이 올라가므로 특히 가난한 사람들이 배제될 가능성이 크다.

5. **국제경쟁력을 높이고 능률 향상**—지역산업이 잠식되고, 특히 식료품, 농산품들에 대해 자체생산을 장려하지 않고, 비싼 수입품을 들여오도록 권장한다(인도의 경우, 기본적으로 필요한 생필품도 수입품으로 사야 하는 상황이라 가난한 사람들에게는 더욱 더 힘든 생활이 되게 만든다고 한다).

6. **최상의 능력 있는 자본가의 투자 유치**—국내 시장을 위한 생

산품 생산에 대한 투자를 방해하고, 투기업자들을 장려한다. 그 결과로 소농가와 소규모 생산 공장들에 대한 신용을 저하 시키다.

7. 인플레이션(inflation) 조정—불경기에 실업자가 증가하고, 그 럼으로써 하부구조를 저하시킨다(UNsurvey of 12 SAPs found only half lowered inflation).

3. 구조조정 프로그램이 우리에게 미치는 영향

(1) 수출지향적 성장

수출지향의 성장 정책은 반드시 다음과 같은 내용들을 불러온다.

- 쟁의 금지
- 노동조합과 간부에 대한 억압
- 직업 안전성이 없음
- 근로기준법 위반
- 근로기준법 개악

노동자들의 임금 삭감, 자유수출지역 건설, 노동자의 권리 억압 으로 이어지는 이러한 정책은 결과적으로 노동자들의 소득저하로 이어지며, 따라서 지속적으로 삶의 질이 하락할 수밖에 없다.

(2) 외국인 투자 유치 증진

외국인의 투자를 유치하기 위해서는 투자자들이 요구하는 만큼 후한 대우를 해줄 수밖에 없다. 투자자들에 대한 세금 감면 등이 그것이다.

(3) 수입개방

구조조정 프로그램은 수입개방을 강력하게 요구하고 있으며, 결국 다음과 같은 결과를 가져온다.

- 수입품 국내시장 유통
- 수입품 확대
- 국내 산업 육성과 보호 약화

이로 인해 국내의 산업 기반 약화되면서 실업자가 증가하고 물가는 상승하게 된다.

(4) 화폐평가 절하

해외 시장을 지향한 수출상품 확대, 생산자의 생산률 저하로 수입에 의존하게 되며, 정부는 임금 동결로 물가상승을 억제하려 한다.

- 자국민에게 필요한 상품 후퇴
- 노동자 대량 해고
- 상품 가격 상승
- 정부 보조금 삭감
- 세금 인상

이는 화폐의 실질가치가 절하되는 효과를 가져오게 된다. 따라서 노동자들은 수익은 저하되는데 반해 높은 생계비에 시달려야 하고, 필연적으로 신용긴장을 불러오는 요인이 된다.

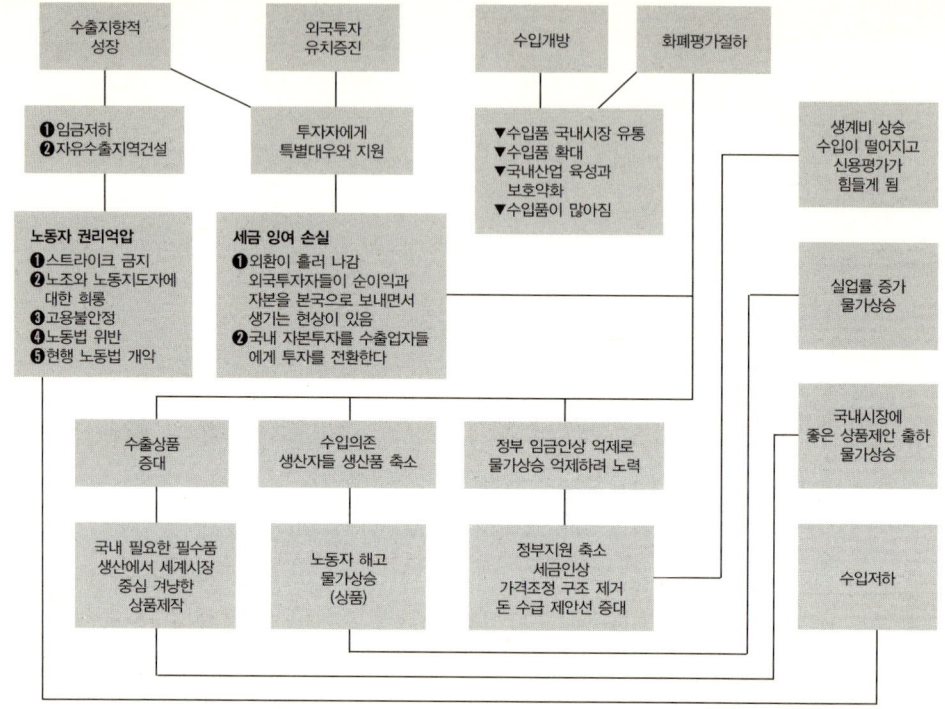

이 기관들의 압력으로 경제 개발 계획을 갖고 있는 저개발국들은 산업구조조정정책을 채택하도록 강요되어 왔다. 산업구조조정정책은 주변국들이 그들의 경제를 다국적 또는 국경 없는 기업에 개방하도록 할 것과 새로운 국제무역 환경에도 개방적인 정책을 취할 것을 요구받는다. 하지만 이 정책은 결국 각 나라가 독자적인 경제정책을 수립할 힘을 점점 잃게 만드는 상황을 초래한다. 그럼에도 불구하고 저개발 국가들은 앞 다투어 그들의 경제영역을 확장하기 위해서 돈을 빌려 경제개발 계획을 세우고 있고, IMF의 구조조정 프로그램을 받아들여 기업의 민영화, 해외 채권자들에게 국민경제개방, 자국 시장보호법안 규제완화 등의 변화를 겪고 있다.

제3세계 국가들의 공업화 전략

1. 자유수출지역 건설

　많은 제3세계 국가들은 국제경제 확립이라는 정책 목표를 설정하고, 수입대체적 공업화 전략을 세웠다. 내부적으로 설정된 주요방침은 국내산 원료 사용, 수입 삭감을 통한 생산성의 향상이었으나, 결과적으로 보면 국민생산성의 증대를 최우선 목표로 했다. 아시아 국가 정부들은 자유수출지역을 앞다투어 건설하여 적극적으로 자본과 기술을 도입하는 전략을 택했다. 이런 전략들은 자본과 기술이 부족한 아시아 국가들과 값싼 원료나 노동력을 찾고 있는 다국적기업의 요구가 일치하여 형성된 것이다.

　1970년대, 아시아 자유수출지역 건설은 대만을 기점으로 싱가포르, 홍콩, 그리고 한국에서 시작되었고, 그 이후 필리핀에 7개 지구, 말레이시아 9개 지구, 스리랑카—카투나야가 지구, 인도네시아 등으로 확산되었다. 경제특구 등의 방법으로 기업을 유치하기 위해 광범위한 면세 조치가 취해지고 노동 조건을 악화시키는 조치가 실행되었다.

　익산에서 조직운동을 하고 있을 때 만났던 후배의 말은 그때의 상황을 잘 말해주고 있다.

　"지지리도 고생하시는 부모님을 보며 성장한 나는 절대로 촌에서 살지 않겠다는 다짐을 하며, 도시생활을 동경하면서 성장했다. 1970년, 우리 마을에 통근버스가 들어왔다. 태창메리야스라는 회사에서, 누에 치고 김 매던 동네처녀들을 몽땅 공장으로 데려가기 위해서였다. 그 다음해에는 나도 통근버스에 몸을 실었고, 검게 그을렸던 얼굴이 하얗게 되면서 우리는 노동자가 되었다. 공장 사람들은 대부분 순진한 농민의 딸이었고, 농촌 일에 비해 쉽고 편하다는 생각 때문인지 모두들 열심히 일했다. 그리고 여지껏 보지 못한 목돈을 만져보며 힘겨운 노동의 고통보다 더 큰 기쁨을 느꼈다."

자유수출지역은 경제세계화의 한 특징으로 잘 알려져 있다. 이 특징적인 지역은 몇 가지 다른 이름으로 불려지고 있다. 예를 들면, 남미 자유수출기업단지(Maquiladora in Central America), 중국 경제특구(Special Economic Zones in China), 그리고 수출지역(Export Processing Zones ; EPZs) 등이 있다. 자유수출지역은 크게 발전하여 전 세계에 퍼져 있다.

자유수출지역의 특징은 울타리가 있다는 것(Naomi Klein, 2000)인데, 수출입에 대해 세금 감면이 있을 뿐만 아니라, 노동자를 조정하는 데에도 중요한 역할을 하고 있다.

자유수출지역은 1960년과 1970년에 선진국의 정부들과 IMF, WB, 그리고 UN에 의해 가장 핵심이 되는 경제 개발 전략으로 나온 것이다. 그 결과 1970년에 10개국에서 자유수출지역이 세워졌다. 1986년에는 50개국에서 175개, 1990년에는 세계의 절반이 넘는 나라에서 자유수출지역을 건설했다.

ILO 조사에 의하면 106개국에 4,200만 노동자들이 자유수출지역에 고용되어 있다고 한다(International Labor Organization, 2003). 그리고 그중 중국 한 나라에만 3,000만 명이 고용되어 있다고 조사됐다. 자유수출지역의 공통점은 고용된 전체 노동자들 중 60~90%가 여성노동자들이고, 30대 이하의 젊은 여성들이라는 것이다. 특히 이 지역에서 생산되는 생산품은 방직, 의류, 신발(Textile, Clothing, and Footwear Production)에 이어 전자 산업 등이 주류를 이루고 있다. 왜냐하면 자유수출지역은 다국적기업들이 선호하는 데다가, 노동집약적 산업으로, 저임금의 많은 노동력을 이용하여 최대의 이익을 창출할 수 있다는 장점이 있기 때문이다.

자유수출지역 유치를 위한 국가별 경쟁 또한 치열하다. 나미비아 정부는 기업 유치를 위해 물, 전기 사용 보조와 99년 동안 사용하는 땅에 대해서 세금 공제 100%, 그리고 이 지역에 N$ 100million을 투자하여 사업에 필요한 전기 공사, 물 공사 등을 해주겠다고 약속하고 있다. 일단 자본이 들어오면 2년 간 3,000~5,000개의 일자리가 만들어질 것이고, 다음 2년 간 다시 2,000개 정도의 일자리가 만들어질 것이라는 계산 속에서 채택된 정책이다. 또한 노동자들의 최저임금제 면제와 근로기준법 면제 등으로 기업인들에게 특혜를 주고 있다.

아시아여성위원회(Committee for Asian Women ; CAW)에서 일하고 있을 때, 아시아 지역의 여성노동자들을 찾아가 그들의 상황과 필요한 것이 무엇인가 등을 들으며, 그들의 경험을 함께 나눈 적이 많이 있었다. 그때마다 나는 가슴이 답답함을 느끼곤 했다. 그들은 저임금 문제뿐만 아니라, 우리와 같은 과정을 겪고 같은 환경에서 일하며 더욱 뼈아픈 경험을 하고 있었다. 아니 우리보다 훨씬 나빠진 환경 속에서 일하면서, 이 생에서 이루어지길 바라는 그들의 꿈을 위하여 매일 반복되는 힘든 일들을 혼신의 힘을 다해 해내고 있었다.

수와스티 미터(Suwasti Mitter)는 『공통된 옷과 얼굴(Common Clothes, Common Face)』이라는 저서를 통해, 공단 노동자들의 공통점은 같은 색상의 작업복과 열악한 노동 조건이며, 90%가 여성이고 그것도 20대 미만과 20대 초반의 젊은 여성노동자들로

채워졌다는 것, 그리고 농촌지역에서 이주한 여성으로서 기숙사나 공단 주변에 공동으로 방을 얻어 함께 기거하는 여성들이 많다는 것이라고 지적한다.

내가 그들을 방문했을 때 그들은 가축이 있던 곳을 방으로 개조해, 6~8명 정도가 누울 수도 없는 좁은 공간에서 교대 근무로 나누어 잔다는 사실을 알았다. 그래서 다 같이 주간 근무면 어떻게 하느냐는 나의 질문에, 자리를 하나 깔고 밖에서 자기도 하고 또 끼어 자기도 하며, 그런 일을 피하기 위해 고향에 내려가기도 한다고 했다.

스리랑카와 인도네시아의 자유수출지역 방문 때는 노동자들이 모여 살고 있는 곳을 갔었다. 그들이 살고 있는 집은 양철 지붕이거나 슬래브 지붕이어서 대낮에는 햇볕에 잔뜩 달구어져 도저히 들어갈 수도 없을 지경이었다. 그런데 그들은 야간 근무를 위해 그 안에서 잠을 청하고 있었다. 그리고 그들은 퇴근 후 석유 값을 절약하기 위해 화덕에 불을 피워 밥과 카레를 만들어 끼니를 때웠다.

인도네시아에서는 소또(우리의 죽 같은 것) 한 그릇 값과 여성노동자의 하루 일당이 같았다. 그리고 노동자를 위해 식당을 만들어 식사를 제공하는 회사도 거의 볼 수가 없었다. 그래서 점심시간에는 간단한 먹거리 장사들이 공장 울타리에 즐비하게 늘어서 행상을 하고 있었다.

1998년에는 '캐나다 발전연대회'의 초청으로 남미의 여러 나라를 방문하여, 공단 노동자들과 그들의 노동조건에 대해 이야기를 나눈 적이 있다. 이때 만난 온두라스 여성노동자의 얼굴을 잊을 수가 없다. 21살의 젊은 노동자는 벌써 2살 난 아이의 어머니가 되어 있었다. 그녀는 점심 식사도 하지 않고 울고 있었는데, 아픈 아이를 돌보던 친척 언니가 돈을 제때 주지 않는다고 아이를 보지 않겠다고 했다는 것이다. 그래서 잘 알지도 못하는 사람한테 아픈 아이를 맡기고 와 너무 걱정스럽다며 서럽게 울고 있었다. 월급을 제때 주지 않는 회사를 원망하며 대책 없이 눈물만 흘리고 있던 그녀의 얼굴이 아직도 생생하다.

그때 만난 사람 중에 프로렌스라는, 공단지역에서 노동자들을 조직하는 활동가가 있었다. 그는 다리에 깁스를 하고 있었지만, 얼굴에는 힘이 넘쳐 보였다. 한 외국인 업체에서 활동을 방해하려는 목적으로 그를 납치해 강간을 시도했는데 죽을힘을 다해 저항하다가 심하게 다쳐 다리가 부러졌다는 것이다. 그렇게 다친 와중에도 그는 자신이라도 나서서 공단 여성노동자를 돌보지 않으면 안 된다며 분노에 차 있었다.

이런 상황은 한두 세기가 가도 변하지 않고 있었다. 자유수출지역이나 일반기업에서 일하는 노동자들의 작업 조건과 환경은 좋아지기는커녕 더욱 더 악화되고 있었다.

과테말라에서는 총 650개 이상의 수출중심업체에 약 4,000여 명의 노동자들이 고용되어 있다. 이곳의 공장 중에 자국인이 운영하는 기업은 40%에 불과하고 나머지는 외국인 투자기업이다. 수출공단에서 일하는 노동자 중 85%가 나이 14~25세의 여성노동자들이며 주요 생산품은 섬유의류 제품인데 대부분이 하청이다.

과테말라 근로기준법에 의하면, 18세 미만의 어린 노동자들은 하루 7시간 이상 노동하지 못하도록 되어 있으나 제대로 지켜지지 않고 있다. 대부분의 외국인 투자기업들은 노동자들에게 높은 생산목표량을 부과하고 이것을 달성하도록 강요하는데, 하루 8시간으로는 도저히 감당할 수 없는 양이다. 때문에 잔업수당도 없이 아침 6시부터 저녁 6시까지 12~14시간의 중노동에 시달려야 하고, 잔업을 거부하거나 불량을 냈을 경우는 해고당하기 일쑤라고 한다. 또 1분을 지각해도 하루 일당의 반을 깎는 벌칙을 가하고 있는 경우가 많다.

임금은 미화를 기준으로 최저임금이 65달러인데 대부분의 노동자들이 80~90달러를 받고 있고, 엘살바도르 노동자들은 90~120달러를 받고 있다고 한다. 또 자유수출공단 안에 있는 사업장은 노동자들을 위한 탈의실이나 식당이 마련되어 있지 않다. 그렇기 때문에 점심식사를 가져와 현장에서 먼지와 함께 먹거나, 아니면 건물 밖에 나와 쪼그리고 앉아 먹는다. 임산부는 산전·산후 휴가제도가 있음에도 불구하고 임신한 것이 발각되면 즉시 해고당하는 경우가 자주 있다.

니카라과와 과테말라에서 만난 30세 이상의 여성들은 대부분 미국인 회사에서 일하고 있었는데, 한국이나 대만인 회사에서는 25세 이상의 여성을 찾아보기 힘들다고 한다. 이러한 열악한 노동조건에도 불구하고 여성들의 취업욕구는 커서, 불이익을 당하면서도 말없이 일하고 있는 실정이다.

과테말라에서 여성노동자 인권 보호를 위해 일하는 조직운동가는 현장에서 자행되는 만행을 보다 못해 성희롱을 일삼는 대만인 회사의 관리자를 고발했다. 그 결과 이 관리자는 범죄 사실이 인정되어 본국으로 추방당했다. 이 일이 있은 후 이 조직운동가는 대만인 회사의 사주를 받은 집단에게 납치되어 구타와 강간까지 당했다고 한다. 그는 심각한 부상으로 수술을 받고 한 달 넘게 병원에서 입원 치료를 받아야 했다.

2. 임금과 노동시간

 중국노동자들의 임금 구조는 거의가 도급제이거나 시급제, 그리고 최저임금 지급으로 나누어진다. 도급제로 일하고 있는 노동자들은 그들의 수입을 종잡을 수가 없다. 일감에 따라 수입이 줄거나 늘어나기 때문에 차이가 아주 많이 난다. 중국의 최저임금은 한 달 기준 RMB(인민폐) 450(37.50달러)이다.

 임금 격차 또한 원청회사와 하청회사 간의 차이가 크다. 원청회사의 한 달 임금은 RMB 700~1,000(58~83달러) 정도를 도급으로 벌 수 있고, 일감이 없는 계절에는 최저임금을 회사로부터 지급받는다. 하청회사의 경우는 한 달 임금 41~83달러 정도이고, 일감이 없을 때에도 임금보조나 최저임금을 지급받지 못한다. 하청으로 갈수록 조건이 점점 열악해진다.

 불가리아는 한 달 임금 62달러를 받는다. 그 중에 26달러를 교통비로 소비한다는 한 섬유공장 여성노동자는, 나머지 36달러가 한 달 가족 생활비라며 울먹인다. 파키스탄에서는 인터뷰에 응한 여성노동자의 95%가 가정의 경제위기로 자신이 일을 시작했다고 말한다. 파키스탄의 최저임금은 한 달 기준 2,500루피(43달러)지만, 경영주는 여성노동자에게 최저임금도 주지 않는 일이 허다하다고 한다. 스리랑카는 여성노동자들이 자신이 받는 임금으로 숙박비와 식비를 제외하면 아무것도 남지 않아, 가족에게 생활비를 보낼 수 없다고 한다.

 여성노동자들이 임금에서 차별을 당하는 건 영국에서도 마찬가지여서, 영국의 섬유산업 여성노동자들은 같은 일을 하는 남성임금의 33%에 불과한 낮은 임금을 받고 있다고 한다. 비공식부문 여성노동자들은 최저임금인 시간당 6.75달러의 25%인 1.50

달러를 받는 것으로 드러났다.

바쁜 계절에는 주문물량 선적을 위해 많은 노동자들이 잔업과 휴일 없이 일하는 것으로 알려졌다. 그러나 경기가 부진할 때는 강제로 휴가를 가야 한다고 한다.

스리랑카, 방글라데시는 8시간 교대에 2시간씩 잔업을 하는 것으로 보고되었고, 중국 광동 지방에서는 10시간 교대와 2시간 잔업을 하거나, 12~16시간 교대를 한다고 보고되었다(Christian Industry Council 홍콩산업선교 조사보고서).

불가리아에서의 한 달 생계비는 한 사람당 138달러(2002년 보고)인데, 평균임금은 98~111달러이다. 생계비를 마련하기 위해 여성노동자들은 하루에 12~16시간씩 일해야 한다. 불가리아의 섬유산업 여성노동자들은 매달 휴일 없이 일하는 경우가 많고, 한 달에 70~150시간의 잔업을 하고 있다고 한다.

3. 구조조정

1990년대 중반, 인도 출장 중에 친구인 여성노동 연구가가 나를 봄베이 한 지역으로 안내했다. 그곳에서 중년여성 몇 명을 만날 수 있었다. 그들은 인도 은행에서 25년간 일했다고 한다. 그러나 지금은 실업자로 가내하청을 준비하고 있었다.

인도의 은행은 컴퓨터를 이용하는 비율이 아주 적었고, 옛날 우리나라의 은행처럼 수공업적이었다. 그래서 그들은 3시면 은행 문을 닫고 긴 시간 동안 업무를 처리해야 했다. 그런데 시장개방 확대정책과 컴퓨터 도입으로 인해 은행을 외국인에게 개방하면서 은행의 구조조정이 시작되었다. 그런데 신기술을 배울 기회나 재훈련의 기회를 주기보다는 장기근속여성들에게 조기퇴직을 강요했고, 그들은 선택의 여지없이 조기퇴직 프로그램을 받아들일 수밖에 없었다고 한다. 그들이 나온 자리에는 이미 기술을 습득한 젊은 여성들을 고용했고, 퇴직자들은 스스로 컴퓨터를 배워 자신들이 다니던 은행의 하청을 받아 일하거나, 그래픽 등을 부분적으로 받아 일하는 이른바 가내하청 노동자가 되었다. 그들은 자신들의 처지가 이렇게 될 거라고 꿈에도 생각하지 못했다고 한다.

시장개방에 따라 인도는 더욱 더 자유시장에 문을 열었는데, 90% 이상이 수공업으로 이루어지는 공산품들이 대량생산의 대기업에 눌리게 되는 건 뻔한 일이었다. 수공업으로 만들어내는 생산품은 자동화된 공업 생산라인에서 생산하는 생산품과 비교할 때 시장성 면에서 감당하기 힘들다. 그러다 보면 수공업자들은 폐업하기 십상이고 그렇게 국내 시장의 형태가 바뀌는 상황이 된다. 일거리를 잃어버린 노동자들은 공단지역으로 몰려들어 취업자리를 찾게 되고, 줄을 선 실업자들에 의해 노동자들의 노동조건은 낮아질 수밖에 없을 거라며, 한숨 쉬던 한 연구자 친구의 말이 생각난다.

비슷한 사례로, 대만의 '핑크여성회'라는 조직을 들 수 있다. 구성원들은 신문사에서 홍보와 타이프라이터로 일하던 전문직 여성들이다. 그들은 갑작스런 컴퓨터의 도입으로, 하루아침에 직장에서 퇴직을 강요당했다. 이런 상황을 받아들이지 않자 해고당했고, 그 부당성에 항의하며 복직을 요구하면서 조직을 만들었다. 대만의 경우, 우리와 비슷하게 실업자가 증가하고 외국인노동자가 늘어나는 현상을 보이고 있다. 영국의 경우 섬유산업분야에서 비공식 노동이 늘어나는 한편 공식 노동이 줄어드는 것으로 나타났다.

필리핀의 한 보고서에서는 정규직 분야에서 비공식화 되어 가는 현상을 지적하며, 700명이 고용된 한 회사에 160명만이 정규직이고 나머지는 모두 비정규직과 계약직임을 예로 들었다.

세계화는 경쟁을 범세계적 단위로 발전시켰다. 이리하여 대부분의 나라들은 무역을 많이 하면서 세계시장 경제체제로 통합되어가고 있다. 1978년에는 세계인구 중 35%만이 세계시장과 긴밀한 연관성을 갖고 있었으나, 2000년대에 들어 세계인구의 90%에 이르렀다. 이는 세계무역량이 증가함을 뜻한다.

4. 자본의 이동과 구조 변화

1970년대 초에는 섬유, 잡화, 전자 등 노동집약적 산업에 대한 일본의 대 아시아 직접투자가 급증했다. 그러다 1985년 이후 신흥공업화 국가에 투자되던 자본이 저임금을 찾아 떠나는 사례가 서서히 증대하기 시작했다. 이렇게 자본의 이동은 쉽게 세계를 돌아다니며 공장을 움직이기도 하지만, 자본만 움직이는 현상이 더욱 더 심해지고 있다. 이를 통해 비용절감을 얻을 수 있기 때문이다.

자본의 이동에 따라, 한국에 유치되어 있던 신발 산업, 전자 산업, 방직과 의류 산업 등이 인도네시아, 베트남, 말레이시아, 필리핀, 중국, 심지어 남미로 옮겨지고 있다.

한 공장에서 만 명 이상 일하던 큰 공장들이 폐업하여 공장 철문이 굳게 닫혔다. 하루아침에 직장을 잃고 다른 일을 찾아보지만, 여성노동자들은 그 동안 배우고 쓰던 기술을 이용할 곳을 찾을 수가 없다. 치열한 투쟁으로 직장을 지키려는 노력을 했음에도 불구하고, 결국 이들은 자본의 철수 앞에 무력할 수밖에 없었다.

우리 산업의 역군이었던 마산 자유수출지역 여성노동자들의 수는 1987년 2만 8,022명에서 1995년 1만 1,286명으로 40.5%로 감소했다. 익산 자유수출지역에서도 일본의 자본 철수에 맞서, 심지어 본토에까지 찾아가 1년이 넘는 피나는 투쟁을 했으나 막지 못했다. 그리고 부산의 화학공업들의 하청 이동 등으로 여성노동자들의 생활의 터전이던 일자리는 1888년 초 16만 4,000명에서 1993년 3만 1,395명으로 70% 이상이 감소되었다(1990년 ~1994년, 5년 동안 부산지역 부도 217개사, 폐업 768개사로 나타났다). 그리고 구로공단도 1987년 7만 4,466명에서 1995년 8월 4만 3,357명으로 감소하여 현재는 몇몇 개의 공장이 운영되고 있을 뿐이다. 이렇게 여성노동자들은 하루아침에 거리로 내몰렸다.

홍콩도 같은 상황으로, 홍콩의 기업들이 중국으로 대거 이동하여 자유수출지역의 공장들이 거의 텅 비어 있다. 직장을 잃은 여성들은 가내공업들과 하청공업으로 전전하고 있지만, 이 공장들까지 이미 중국으로 이전해 그들에게는 더 이상 선택의 여지가 없어지고 있다. 그래서 그들 중 더러는 중국으로 가 직장을 구하는 사람들도 있는데, 이렇게 일자리에 대한 흉흉한 이야기들이 여성노동자들 사이에서 유행처럼 번지고 있다.

또 인도에서도 영국통치 하에 세워졌던 거대한 방직공장들이, 자본의 이동으로 텅 비어 있거나 일부분만 가동되고 있다. 반면, 수출액은 1987년에 비해 145%나 증가했다.

우리나라도 중소기업 가운데 하청업체는 1980년 30.0%에서 1991년 73.6%로 계속 증가했다. 의류업의 경우 1993년에는 의류업체의 75%가 하청업체이며, 마산 수출자유지역 하청업체는

1984년에 252개에서 1991년에 330개로 증가했다. 하청업체는
대부분 노조가 없는 미조직 상태이며, 기혼여성이 대부분을 차지
하고 있다.

5. 자유무역협정의 영향

자유무역협정은 세계경제에 막대한 영향을 끼친다. 저개발국은
선진국과의 차별적인 무역협정을 유지하려고 하는 과정에서 더욱
문제가 심각해진다. 대부분의 남쪽 국가들은 농산품이나 천연자
원, 즉 목재, 고무, 동, 알루미늄, 커피, 차 등과 같은 원자재를 수
출하고 있다. 따라서 이들은 가격 하락과 교역 기간의 변화에 매
우 쉽게 영향을 받는다. 많은 저개발국은 다음과 같이 몇 가지
품종의 상품에 의존해 외화를 벌어들이고 있다.

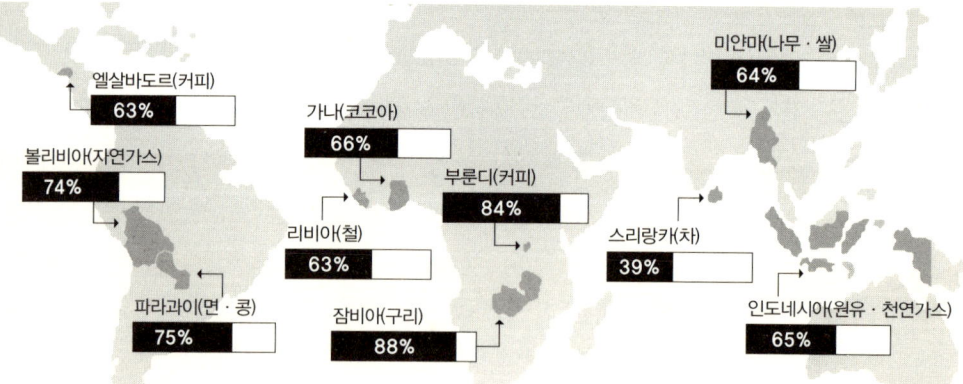

• 엘살바도르 – 커피 63%
• 파라과이 – 면과 콩 75%
• 볼리비아 – 자연가스(tin) 74%
• 부룬디(아프리카 중앙부 공화국) – 커피 84%
• 가나 – 코코아 66%

• 리비아 – 철(ore) 63%
• 잠비아 – 구리 88%
• 스리랑카 – 차 39%
• 미얀마 – 나무, 쌀 64%
• 인도네시아 – 원유와 천연가스 65%

＊자료 : Unctar, statistical pocketbook

또한 세계의 농산품(Agr. Commodity)을 3~6개의 대기업이 가지고 있고, 이들에 의해 모든 것이 조정되고 있다. 대기업이 주무르고 있는 농산품은 밀(Wheat) 85~90%, 설탕 60%, 커피 85~90%, 차(Tea) 80%, 코코아 85%, 바나나 70~75%, 파인애플 90%, 나무제품 등 90%, 면 85~90%, 마(Jute) 85~90% 등이다.

1993년 필라델피아에서 세계화의 영향에 대한 국제회의가 있었다. 그 회의에 참가한 필리핀 농촌연구소 연구원에 따르면, 400년 동안 사탕수수 재배를 주로 하던 한 섬을, 갑자기 시장의 요구에 의해 새우 기르는 어장으로 바꾸어야 하는 어이없는 일이 생겼다는 것이다. 이 섬의 사탕수수 농장은 거의 대지주들의 소유이다. 그러므로 일본 시장의 요구를 지주들이 받아들인다면, 그들에게는 선택의 여지가 없어지고 만다. 사탕수수 농장을 어장으로 개간하는 데 5년이 걸린다. 만약 그 이후 시장의 요구가 변한다면, 어장을 농토로 개간하는 데는 10년이 걸려야 식물이 자랄 수 있는 정상적인 토양이 된다고 한다.

코스타리카의 환경조정 프로그램은 1980년부터 IMF와 WB에 의해 시작되었다. 이 나라는 아름다운 자연이 잘 보존돼, 5%의 땅만이 공업이나 목축으로 사용되고 있으며, 신선한 바다의 코랄 등으로도 잘 알려졌다. 그런데 1985년 구조조정 프로그램의 하나인 수출산업 육성정책으로 소고기 생산이 장려돼 매해 4만 헥타르의 숲이 없어진다고 한다. 어떤 연구자들은 2010년도가 되면 아마도 이 나라의 숲이 거의 사라질 거라고 말한다. 이 나라는 1980년도만 해도 땅의 76%가 농업 생산지로 사용됐었다. 그러나 바나나와 콩 생산에 대한 정부보조 중단으로 더 이상 농산물을 생산할 수 없게 돼버린 것이다. 이는 결국 수입을 더욱 많이 해야 하고, 더욱 더 많은 외화가 필요한 상태로 만들어버렸다. 자신들이 생산하는 것들은 수출하고, 소비품을 수입하게 된 것이었다.

농가에서는 카네이션 꽃을 재배하여 미국 시장으로 납품한다. 그들은 빠른 생산과 품질을 높이기 위해 땅에 지나치게 많은 양의 약을 뿌리고, 스팀으로 열을 가해 땅이 몸살을 앓고 있다고 한다. 그리고 일하는 사람들에게도 악영향을 미쳐서, 일하던 여성노동 자들이 실명을 하고 임신한 여성이 사산을 하는 사례들이 많이 있다고 한다. 또한 소고기 생산을 요구하는 패스트푸드 음식점(맥도날드, 빅맥 등)에 의해 산과 들이 가축을 기르는 목축지가 되어 모든 나무가 잘려 나가고, 축산에서 생기는 오염으로 자연 파괴가 심각한 상태라고 한다(앰네스티 다큐멘터리 영화에서).

이렇듯 국제무역은 우리의 생산 환경 및 일상 생활과 직접적인 연관이 있다. 무역 관계가 변화하면 국제시장의 요구에 따라 전과 다른 생산품을 생산하고 판매하게 된다. 그러므로 시장 경쟁은 더욱 더 우리의 생활을 불안전하게 만들어 가고 있다.

6. 세계무역기구(WTO)

가트(GATT)는 정부대표자들이 참여하는 국제기구로, 1947년 이후 국제무역협정의 중요한 회의체가 되어왔다. 이들은 지속적으로 무역자유화를 추진하여, 회원국의 수입쿼터제와 관세 같은 무역의 장벽을 최소화하기로 결정했다. 무역자유화는 선진국의 경제적 지배를 강화한다. 산업구조조정 정책이 확립되면서 대부분의 나라들은 국제무역에 점점 개방하는 것 외에는 선택의 여지가 없다는 것을 받아들이게 되고, 수출산업과 외국투자 유치를 촉진하는 정책을 택하게 된다.

GATT의 마지막 협정은 1993년 우루과이에서 완성됐다(GATT의 4차 라운드). 우루과이의 라운드테이블에서 진행됐다고 해서 우루과이라운드로 잘 알려져 있는 이 협정에서, 세계무역협정의 이행여부를 감독하기 위해 새로운 국제기구를 설치하기로 결정했고, 그렇게 해서 탄생한 것이 WTO(세계무역기구)이다. 이때부터 WTO가 GATT를 대체하게 된다. WTO는 이전에 GATT 체제 하에서는 고려되지 않았던 분야를 다루고 있다. GATT는 제네바에 상설본부를 두고 IMF, WB와 같은 다른 국제기구들과 협력할 것이다.

남쪽의 70여 개가 넘는 국가들은 자국의 서비스산업을 외국 기업들에게 개방하기로 하는 협정에 서명했다. 이로 인해 외국의 은행, 보험, 운송, 통신 기업들은 이들 국가에 자유롭게 진출해 영리를 추구할 수 있게 되었다. 서비스분야는 산업구조 조정정책에 따라 민영화되므로, 이와 관련하여 외국 서비스산업의 국내 진출이 광범위하게 이루어질 수 있게 되는 것이다.

외국기업들이 해외로 송출할 수 있는 자금 액수에 대한 제한이 있었다. 또한 제조업 분야에서 외국기업들은 현지의 자원을 이용하도록 되어 있었다. 이는 그 나라의 경제발전에 기여하도록 하는 데 목적이 있었다. 그러나 이러한 많은 규제들이 폐지되었다. 규제를 없애는 것은 다국적 기업에 이익을 주게 되고, 다국적기업이 더 큰 이익을 얻기 위한 기업 활동을 효과적으로 전개하는 것을 가능케 한다. 우루과이라운드 협정의 대부분은 규제를 없애는 것이다. 그리고 특허나 아이디어를 사용하는 기업으로부터 로열티를 받을 권리를 갖도록 한다.

1980년대에 있었던 1차상품의 가격하락은 이 국가들에서 최악의 빈곤을 초래했다. 그들은 다른 상품의 수출을 할 수 없었다.

왜냐 하면 가공품의 교역을 제한하는 무역협정 때문이었다. IMF
와 다른 국제기구들이 제조업과 서비스업 분야에서 그들의 수출
산업을 확장시키기 위해 무역협정상의 변화를 시도하고 있다.
IMF의 정책은 주로 선진국의 수출시장을 확대하는 데 역점을 두
고 있다. 그러므로 이러한 접근방식은 남쪽 대부분의 나라들이
겪고 있는 빈곤 문제 해결에 별로 도움이 되지 못하고 있다.

세계무역의 70%는 대기업들 사이에서 이루어진다고 한다. 이
는 다국적기업의 지배가 증가하는 것으로, 그들이 세계무역을 마
음대로 할 수 있다는 것을 의미한다.

선진국들은 주변국들에 대한 투자와 무역확대를 통해 주변국들
의 시장을 점유해나가고 있다. 유럽의 역내 투자와 무역은 유럽
연합의 건설 이후 증가했다. 유럽연합은 자유무역과 지역 공동기
구의 설치 및 활동을 포함하는 경제통합 정책을 추진해 왔다고 한
다. 1990년 무역과 투자를 조정하는 선을 만들어가는 상황이 동
시에 시작되었는데, 대표적인 것으로는 유럽경제공동체
(European Economic Community ; EEC), 북미주 자유무역협정
(North American Free Trade Area ; NAFTA)이 있다. 현재 미국, 캐
나다, 멕시코 사이에는 자유무역협정이 맺어진 상태이다. 이 협
정은 곧 칠레까지 확대됐고, 이후 이미 상당한 개방경제를 취하
고 있는 중남미의 여러 국가를 포괄할 것으로 보인다.

아시아 자유무역지대(Asean Free Trade Area ; AFTA)는 세계경제
의 블록화에 효율적으로 대응하기 위해 동남아시아국가연합이
2003년 1월에 출범시킨 기구이다. 산업 협력을 위해 결성된 아세
안(동남 아시아 국가연합)이 추진하고 있다. 아시아 태평양 경제
포럼(Asia Pacific Economic Committee ; APEC)은 NAFTA와 아태
지역을 모두 포함하는 확대된 자유무역권을 제안하고 있다. 카리

브, 아프리카, 남아시아 등에 있는 나라들도 지역별로 다양한 지역 무역협정을 맺었다.

7. 무역 자유화와 여성 고용의 수요 증대

세계무역 자유화가 전반적으로 여성 고용의 수요를 증대시키고, 경제발전에 기여하며, 여성의 삶의 질을 향상시킨다는 주장은 신중히 검토할 필요가 있다. 여성노동자의 수요 증대는 아래와 같은 상황과 연결된다는 점을 간과해서는 안 된다. 앞에서 말했듯이 무역 자유화로 이득을 보는 많은 산업들은 대부분 여성노동력을 중심으로 이루어진다. 고용의 조건은 노동시장의 유연화 전략으로 임시직, 파견직 등의 형태로 확대되고 여기에 여성노동력이 대거 투입되었다. 또한 무역 자유화는 수출생산을 증대시키고 국내 소비품 생산은 감소시키는 결과를 초래하는데, 이는 주변국의 의류, 신발, 가공식료품 산업에서 가장 두드러지게 나타난다. 이러한 시장형 공장들이 대체로 여성노동자들을 고용하고 있는 것은 잘 알려진 사실이다. 그렇기 때문에 전반적으로 여성 고용이 증가할 가능성이 높다.

방글라데시의 경우, 1980년부터 산업화 계획으로 급속히 공장이 늘어나기 시작했다. 이 나라는 의류품을 주로 생산하는데, 현재 3,280개의 공장이 가동 중이고, 1,800만 노동자들이 고용되어 있다. 여기에 고용된 노동자는 거의 모두가 여성이다(Kabeer, 2004). 그들 중 10%에도 못 미치는 노동자들이 큰 공장에서 일하고 있고, 이 공장들은 두 개의 자유수출지역 안에 모여 있다. 그리고 그 외 거의 모든 노동자들이 500명 이하의 사업장이나 가내수공업으로 일하고 있다. 그들은 하청을 받아 가내노동자들이나 규모가 작은 영세 기업의 노동자들에게 일거리를 제공하고 수출상품을 만들어 납품한다.

이렇게 수많은 저개발국가들의 산업은 전반적으로 수출품 생산을 통해 이윤을 확보하려고 한다. 현재 세계의 수출 의류품 중 70%가 제3세계에서 생산된다고 한다(다이오 솜아리, Diao and Somwary, 2002). 시장을 토대로 한 기업들의 네트워크는 비공식노동자를 이용하는 비율이 높고, 생산 라인이 신고한 장소와 다를 때가 많다. 또한 근로기준법을 어기는 일이 더욱 많이 나타나고 있고, 노동조합이나 그들을 돕기 위한 외부단체도 없다.

의류산업은 국가에서 국가로, 한 지역에서 다른 지역으로, 비싼상품에서 값싼 상품으로 이동하며 상품을 생산해낸다. 의류품을 집중적으로 유치, 생산, 수출하는 나라들은 방글라데시 75%, 마우리티우스(Mauritius) 64%, 스리랑카 50%, 투니시아(Tunisia) 40%(Appelbaum, 2003. 숫자는 국가 전체 수출을 통해 벌어들이는 수익액의 비율) 등이다. 방글라데시의 경우 전체 노동자의 거의 65%인 100만 6,800명 정도의 노동자가 섬유가공업에서 일하고 있다. 투니시아와 모로코는 전체 노동자의 40%가 방직과 섬유산업에서 종사하고 있으며, 터키는 34% 정도이다.

경기가 침체되고 생활 여건이 나빠지면 많은 여성들이 어떠한대가를 치르고서라도 일자리를 찾으려고 한다. 그런 상황에서 과연 그들에게 선택의 여지가 있겠는가? 새롭게 확대된 고용상황이 여성의 건강과 복지에 어떤 영향을 미치는지, 경제활동상의 남녀간 불평등관계가 어떤 영향을 미치는지, 한쪽의 여성 고용증대가 다른 여성들의 실직과 어떤 관계가 있는지 등에 대한 현상을 잘 관찰할 필요가 있다.

동아시아와 동남아시아에서 경제성장을 이룩한 나라에서의 자유화는 투자확대를 수반했다. 그러므로 많은 여성들은 생활수준의 향상으로 혜택을 본다. 그러나 이들 나라의 경제성장은 여성노동자들의 상당한 희생을 대가로 치르면서 진행되었고, 오늘날 많은 여성들이 직장을 잃고 더욱 더 변두리로 내몰리고 있다.

자유화는 쿼터제의 점진적 폐지를 뜻한다. 이 제도는 수입량을 제한하는 제도였다. 자유시장에서는 생산단가를 낮추는 쪽이 경쟁에서 이기게 되어 있다. 이제 모든 국가들은 자신들보다 더 낮은 생산비용을 갖는 나라와는 경쟁하기 힘들다는 사실을 알게 될 것이다.

자유시장의 이러한 충격은 이미 동아시아에 가해졌다. 그로 인해 경공업산업은 고도의 기술집약산업으로 점차 대체되고, 이런 변화는 여성노동자들에게는 일자리 감소로 이어졌다. 수출 생산에서 여성 고용이 증가하는 지역은 중국, 러시아, 방글라데시, 베트남, 엘살바도르 등이며, 반면에 한국, 홍콩 등은 여성 고용이 감소하고 있다. 홍콩 여성노동자들, 특히 20~25년 동안 섬유, 의류, 전자산업에서 일하던 여성들은 공장들이 중국으로 이전하면서 하루아침에 일자리를 잃었다. 그들이 오랜 세월 동안 일하며 쌓아온 기능은 쓸모가 없어지고, 다른 새로운 산업에서 요구(나이, 학력, 기능 등)하는 기준에는 따라갈 수 없는 처지가 되어버린 것이다. 그들이 갈 곳은 오직 호텔 청소 같은 서비스직이나, 파견회사를 통한 파견노동자가 되어 계약 없이 일자리를 전전할 수밖에 없고, 전에 받던 임금의 반에도 못 미치는 임금을 받고 일해야 한다. 그들 중 간혹 짐을 꾸려 중국으로 일자리를 찾아가는 여성들도 있다고 한다.

한국의 경우, 경제활동에 참여하고 있는 인구의 48.3%를 여성이 차지하고 있으나, 남녀 평등지수는 세계 31위(1996년)이다. 여성노동자의 62.7%가 5인 이하의 사업장에서 일하고 있고, 근로기준법조차 적용받지 못하는 인권 사각지대에 놓여 있다. IMF 이후 상황은 더욱 심해져, 임시직이 점점 증가하여 600만 명을 돌파했고, 1,300만 노동자 중 45%를 차지하게 되었다. 그 중 여성의 비율은 73.2%로 절대다수이며, 특히 주부 인력의 80% 가량이 임시직에 종사한다.

서구의 나라 중에 여성 고용에서 시간제 비율이 가장 높은 나라는 네덜란드로 54.8%라고 한다. 전체 시간제 노동자 중 여성 비율은 스웨덴이 97.3%, 독일이 84.1%, 프랑스가 79.3%를 차지하고 있다. 프랑스의 경우 파트타임 노동자 중 고임금 파트타임 여성의 비율은 20%에 머물고, 대부분의 파트타임 여성들은 최저임금 이하의 대우를 받으며 일하고 있다. 일본은 여성의 비정규 고용이 늘어나면서 정규직 고용(1999년)이 53.6%로 감소했다고 한다.

이들의 대부분은 노동시장에서 제일 먼저 배제되고 있는 노동력이기도 하다. 그러나 집단적 저항을 통해 해고를 막아낼 힘이 없기 때문에, 여성노동력이 일차적인 고용조정의 대상이 되는 것이다. 또한 정규직으로 일하던 여성들도 구조조정에서 우선순위로 잘려, 그 자리를 임시직이나 일용직이 채우는데, 정규직이었던 직원을 임시직으로 재고용하여 같은 일을 하게 하는 경우도 비일비재하다. 이런 현상들은 특히 은행, 호텔 청소 등에서 두드러지게 나타났다.

시장자유화, 경제세계화의 명암

1. 하청화, 비공식 노동자 증가

 다국적기업과 국경 없는 기업들은 시장을 독점함으로써 저개발 국가나 제3세계국가 기업들과의 경쟁에서 앞서간다. 투자 대상 국의 정부는 외국 투자자들의 투자 회피를 우려해 적절한 노동보 호와 환경보호법의 수준을 떨어뜨리거나, 아예 집행할 의사도 능 력도 없다. 자신들이 비준한 국제협약을 준수해야 할 의무조차 지키려는 노력을 하지 않는 나라가 많다.

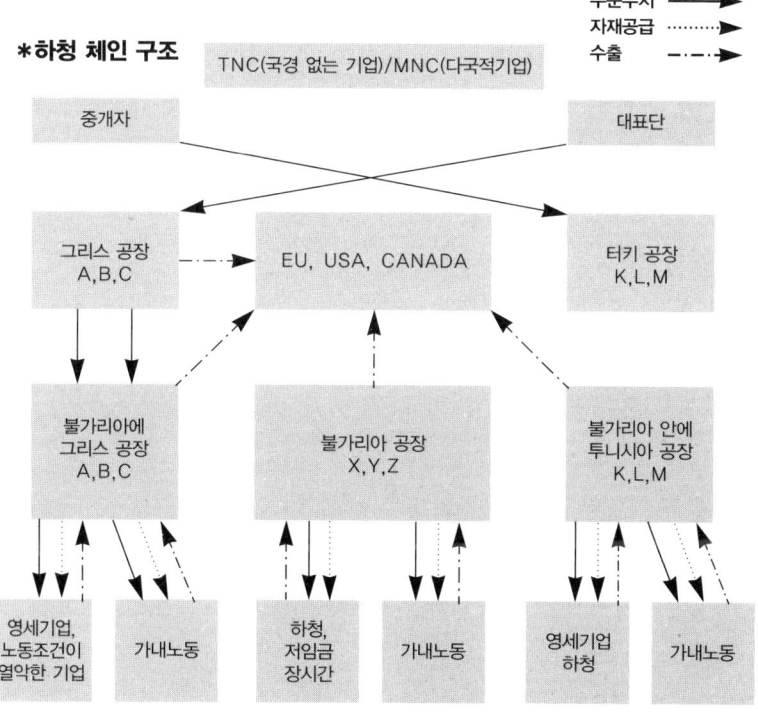

*하청 체인 구조

다국적기업은 생산라인이 세계 도처에 있어 노동자들에 대한 책임을 회피하기 위해 하청화 시스템을 구축하고, 이를 통해 생산하는 기업들이 많이 있다고 한다.

위의 표는 동구라파 시장을 토대로 한 네트워크 구조이다. 이들은 많은 비공식노동자를 이용하여 생산 활동을 하고 있는데, 생산라인이 자주 바뀌어 찾아내기가 쉽지 않다. 이 네트워크 안의 회사들은 근로기준법 등을 잘 지키지 않고, 노동조합도 조직되어 있지 않을 뿐 아니라 노동자를 위해 일하고 있는 단체도 거의 없다.

이들은 소수의 노동자를 고용함으로써 이윤을 극대화하고 있다. 다국적기업과 경쟁할 수 없게 된 저개발 국가의 기업들은 폐업하게 되고, 노동자들은 실직의 아픔을 겪게 된다. '적시생산시스템 (Just in Time Production system)'은 시장의 필요에 의해 필요한 만큼의 상품을 여러 나라의 하청을 통해 생산하는 구조이다. 즉, 적량의 적정부품을 적시·적소에 제공하여 생산 활동에 가치를 부여하는 것이다. 이 구조는 많은 것을 가능케 한다. 예를 들면, 국제 셔츠(Global Shirt)라 부르는 것이 있다. 예전에는 우리가 입고 있는 셔츠가 노동자 한 사람 혹은 한 나라의 기업에서 만들어졌다면, 지금은 여러 나라의 노동자에 의해 만들어지고 있다는 것이다. 옷감은 과테말라 노동자가, 단추는 홍콩에서, 봉제는 아이티에서, 유통거래는 미국에서, 판매는 캐나다와 유럽 등지에서 진행되는 식이기 때문에 이를 국제 셔츠라고 한다. 뿐만 아니라 세계화 열풍으로 인해 중국과 인도에서도 맥도날드와 피자가 애용되고, 서양 음악과 영화를 감상하기 위해 장사진을 이루는 등 각 나라의 고유문화가 바뀌어 가고 있다.

이러한 기업의 국제적 생산 활동은 교통과 통신의 발달이 있기에 가능한 것이다. 특히 컴퓨터 통신의 발달로 인해 현재 다국적

기업들은 생산 공정을 나누어 여러 나라에서 생산하면서도 통제를 할 수 있다(Angela Hale). 전에는 생산이란 한 물품이 한 나라에서 만들어져 다른 나라와의 무역을 통해 교환되는 것으로 진행되었으나, 지금은 한 개의 물품을 여러 나라에서 생산하게 된 것이다. 다국적기업화한 금융기관은 오로지 컴퓨터와 전화만을 사용하여 수십억 달러의 거래를 하기도 한다. 하지만 통신기술이 있다 하더라도, 대규모의 자유화 조치가 없다면 지금 수준과 같은 경제 통합은 불가능했을 것이다.

이런 식의 시스템은 작은 사무실만을 하나 두고도 적은 인력으로 시장의 빠른 요구를 기술적으로 모니터하여 대응할 수 있다. 컴퓨터에 입력된 자료들은 어떤 상품이 팔리고 안 팔리는지를 즉시 알 수 있고, 이런 정보들을 다시 생산 시스템 재배치에 적용한다. 컴퓨터 통신의 발달은 기업으로 하여금 지리적으로 보다 넓은 생산조직을 가능하게 하며, 생산의 모든 과정을 컴퓨터로 명령하고 디자인 등을 보낼 수 있도록 했다. 그리고 일정량의 일을 소생산자를 통해 생산하거나 하청업을 통해 생산하고, 핵심 생산 부분만 유지할 수 있도록 만들었다. 이는 많은 기업들이 많은 인력을 필요로 하지 않게 됨을 의미하고, 비용 절감을 위해서 적은 인력, 또는 비정규직 인력 등, 필요에 따라 쉽게 고용하고 해고할 수 있는 인력만을 사용하도록 하는 환경을 가능케 했다. 미국의 많은 전화 서비스를 멕시코 노동자를 통해 한다는 점은 시사하는 바가 크다.

또한 여러 나라에 자본이 진출되어 있던 다국적기업이 자본을 철수하여, 자국의 여성 가내노동자를 통해 생산해 내는 추세가 높아지고 있다.

다음은 이탈리아 베네통(Benetton) 그룹의 네트워크 시스템이다.

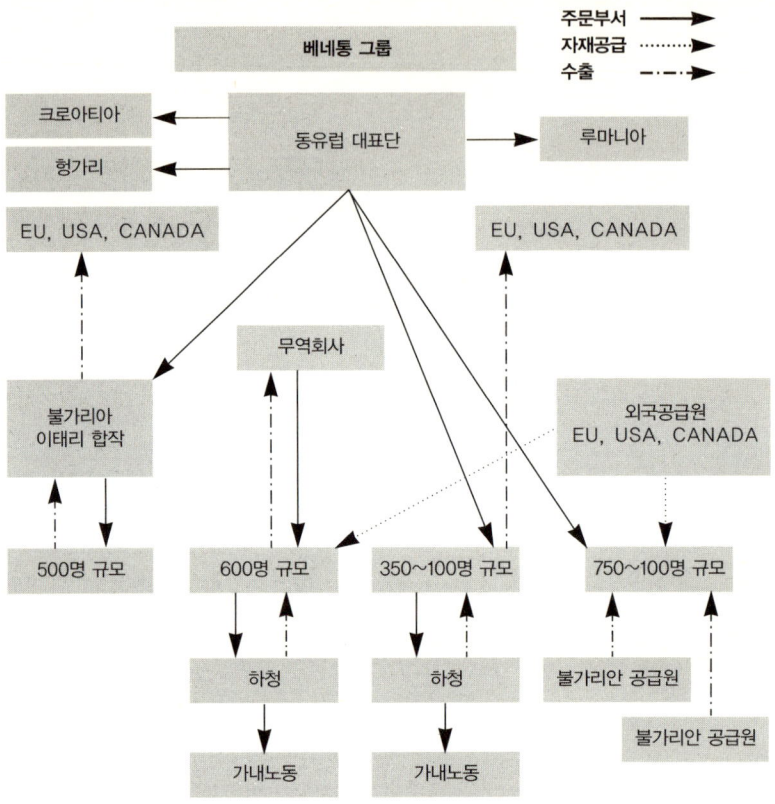

＊베네통 그룹의 네트워크

베네통 그룹

주문부서 ⟶
자재공급 ┈┈▶
수출 ━·━▶

크로아티아

헝가리

동유럽 대표단

루마니아

EU, USA, CANADA

EU, USA, CANADA

무역회사

불가리아
이태리 합작

외국공급원
EU, USA, CANADA

500명 규모

600명 규모

350~100명 규모

750~100명 규모

하청

하청

불가리안 공급원

불가리안 공급원

가내노동

가내노동

　이탈리아 기업인 베네통의 네트워크는 이런 경로로 조직되어 있다. 이런 모델은 모든 제조공업에 대한 주문이 중앙조정본부에 의해 이뤄진다. 노동자에 대한 비용이 다르다는 유리한 점을 이용하여, 이 네트워크는 중앙과 동유럽으로 확대해 나갔다. 이 자료에 의하면 베네통 헝가리는 헝가리 계약자들과 몰다비아, 루마니아, 불가리아의 계약 회사의 생산 활동을 조정하고 있다고 한다.
　불가리아는 프랑스와 이탈리아 다음으로 큰 공급자이다. 연구 보고에 나와 있는 베네통 네트워크 구조로 보면, 한 중개업소에서 4개의 제조업자들에게 주문을 내린다. 불가리아 제조업체들은 다른 상표의 제품을 만들어 납품하기도 한다.

이 표에서 나타나듯이, 액세서리와 자재들은 제3공급자가 공급하고 있는 것으로 나타났다. 또한 계약회사는 자신들이 받은 주문을 다른 하청회사를 통해서 생산하기도 하고, 그 하청회사는 또 다른 하청, 그 하청은 가내노동자에게 또다시 하청을 주기도 한다.

대부분이 여성인 가내노동자들은 직장에 다니는 기혼여성에 비해 비교적 높은 교육을 받았으나, 자본주의의 가장 말단에서 복지혜택도 없이 저임금의 열악한 환경 속에서 가사일과 함께 고되게 일하고 있다. 그럼에도 불구하고 노동으로 제대로 인식되지도 못하고 있다.

한국여성개발원의 가내노동자 실태 연구에 따르면, 1989년 서울시에 거주하는 65세 이하 경제활동이 가능한 기혼여성노동자 8,050명 중 438명이 가내노동자로, 그 당시 경제활동 인구 중 9.4%를 차지하고 있던 것으로 추정하고 있다. 또한 가내노동자의 60.4%가 35세 이하이며, 6세 미만 자녀를 둔 가내노동자는 전체의 53.1%로서, 자녀양육 등으로 가사 부담이 높은 연령층의 여성이 가내노동에 종사한다는 특성을 뚜렷이 보이고 있다. 현재는 가내노동자의 규모를 정확히 파악하지 못하고 있으나, 하청업체의 증가에 따라 가내노동자가 계속 증가 추세에 있는 것으로 보고 있다. 가내노동자들은 주로 단순노동집약적 노동과정을 담당하고 있고, 비자발적 실업기간이 존재하는 등 직업안정성이 대단히 낮고, 수입이 임금 노동자들의 68% 수준에 불과한 것으로 나타나 있다. 최근 출판업에서는 가장 단순한 전산입력 업무에서부터 교정, 교열, 편집, 그리고 기획에 이르기까지 가내노동으로 위탁하는 사례가 부쩍 늘고 있다고 한다.

이렇듯 비정규직, 비공식 노동의 증가는 자유화와 관련이 있다. 임시직 노동의 증대 또는 유연화 전략은 기업의 필요에 따라 자유롭게 노동자를 사용할 수 있다는 것을 의미한다. 무역장애와 규제의 철폐는 국제적 경쟁의 확대로 이어지고, 이로 인해 기업은 자신의 이익을 보호하는 새로운 방법들을 모색하게 된다. 기업들은 노동비용과 생산비용을 낮추려고 임시노동자를 통해서 해결하려 한다. 따라서 임시노동력 수요가 증가되며, 이는 결국 여성노동자들에 대한 수요 증가로 나타난다.

또한 하청 기업들은 주문을 따기 위해 국제시장에서 경쟁을 해야 하고, 이 경쟁은 원청기업에겐 비용감소로 이어지며, 국민소득의 증대를 원하는 정부는 인력을 더욱 유동적으로 만들어 가고 있다. 이는 결과적으로 노동자에게는 노동조건이 열악해지는 것으로 나타난다. 우리도 이미 경험하고 있듯이 '유연성'이란 노동자에게는 비공식 노동자 등장 또는 계약도 체결하지 못하는 노동자들의 급증을 의미하며, 공정의 분산은 더 많은 노동자들이 작은 영세 기업이나 소규모적인 가내 일터로 내몰리는 현상을 부추기고 있다.

이런 상황에서 노동자로 인식되지도 않는 사람들이 있다. 파출부, 청소부, 정원사들과 같은 가정 노동자(domestic workers)들은 남아공이나 캐나다와 같은 일부 국가에서만 법적으로 노동자로 인정받고 있다.

가내노동자들은 회사에 고용되었지만 자신들의 집에서 일하기 때문에 법적으로 노동자로 인정받지 못하는 경우가 자주 있다. 특히 이주노동자들은 억압적인 이주 관련법이 존재하는 국가에서는 불법체류자가 되곤 한다. 이로 인해, 이들은 법적으로는 노동자로 인정받지 못한다.

2. 이주노동자 증가

국제이주기구(International Organization for Migration; IOM)에 따르면 정착자와 난민을 제외하고 순수한 이주노동자만 해도 2,500만 명에 달한다고 한다. 이주노동자가 가장 많은 곳인 중동 지역과 아시아에 1,000만 명, 유럽과 북미에 각각 400만 명, 아프리카와 중남미에 각각 300만 명이라고 한다. IOM에 의하면 이들 중 3,000만 명 정도가 불법체류 노동자라고 한다.

사회학적 측면에서 볼 때 이주노동자를 탄생시키는 데 큰 역할을 하는 두 가지 요소에는 '이주노동자를 밀어내는 요소'와 '끌어당기는 요소'가 있다. 이주노동자를 밀어내는 요소란 자국을 떠나게 하는 요소를 말한다. 남아시아 여러 나라가 경제계획에 실패하면서 많은 이들이 사회보장과 높은 임금이 보장되는 일자리를 놓치게 되었다. 이때 일자리를 잃은 이들이 직업을 구하기 위해 다른 나라로 이동하게 되면서 이주노동자가 되었다. 해외에 취업하여 더 높은 소득을 얻어 가족을 부양하기 위한 것이었다. 또한 가난한 나라 정부는 자국 국민이 외국에서 돈을 벌어 송금하도록 장려하기도 하는데, 이 또한 밀어내는 요소 중의 하나이다. 이주노동자를 끌어당기는 요소란 다른 나라에서 얻을 수 있는 일자리와 비교적 높은 소득, 안정된 사회보장을 말한다.

이주노동자를 유입하는 나라에서 노동력을 요구하지 않는다면 경계선을 넘어가려는 이주자는 없을 것이다. 특히 서비스 산업의 확대는 여성노동력의 이동을 유발시키고 있다. 가장 많은 이동은 아시아 내부에서 일어난다. 예컨대 동남아시아에서 중동으로, 필리핀에서 일본, 한국, 홍콩, 대만 그리고 싱가포르 등으로 이동한다.

필리핀 출신 여성이주노동자 숫자는 남성보다 12배나 높다고 한다. 이 여성들은 대개 호텔 청소, 간호사, 가정부, 가게 종업원과 유흥업 등에서 종사한다. 그들의 수입은 가족의 생존에 절대적이다. 그러나 그 대가로 정작 본인은 육체적인 혹은 정신적인 안녕을 희생해야 할 때가 많다.

고용기회의 불평등한 성장도 여성 노동력의 이동을 증가시켰다. 산업화가 진행됨에 따라 일자리는 특정한 지역에 한정되고, 농촌 사람들은 저곡가 정책으로 밀려나 새로운 일자리를 찾기 위해 이동한다. 농촌에서 도시로 혹은 국가의 경계를 넘어 이동한다.

한국여성노동자회, 외국인노동자협의회와 아시아이주노동자센터가 공동으로 주최하여 '세계화에 도전하는 외국인 노동자' 라는 주제로 이주노동자들의 아시아 회의를 주관한 적이 있다. 5일에 걸쳐 실시했던 이 회의를 준비할 때, 우리는 40~50명 정도 참여할 것이라고 예상하고 준비를 시작했다. 그런데 예상 밖에 너무 많은 나라에서 참가 신청을 하는 바람에 어쩔 수 없이 80여 명을 받을 수밖에 없었다. 이 자리에는 중동에서 이주노동자를 위해 일하는 단체들도 참가했고, 어떻게 알았는지 국제기구까지 참가하여 아주 풍성한 교류를 할 수 있었다. 모인 이들은 서로의 경험과 상황을 나누고, 앞으로도 계속 연대하여 이주노동자의 권리를 폭넓게 보장할 수 있도록 UN에 요구하자는 결의를 하기도 했다.

잘 알려져 있듯이 많은 한국인들이 이웃 나라 일본에서 일하고 있다. 그들은 대개 시골에서 농사짓던 사람들이거나, 갑자기 실직하여 국내에서는 일자리를 찾지 못한 경우로, 일본에서 단순하고 험한 노동을 하고 있다. 그중에는 낯선 일본에서 서툰 솜씨로 생전 해보지 않은 일을 하다가 며칠 만에 산업재해를 당하여 고생하는 이들도 꽤나 많다.

한번은 일본을 방문했을 때 한 재일교포 청년이 나를 데리고 어느 술집 골목으로 안내한 적이 있다. 그때 나는 잠시 내가 한국 거리를 걷는 것으로 착각을 할 뻔했다. 너무도 많은 한국 여성들이 손님을 상대로 호객행위를 하고 있었기 때문이었다.

한국에서 일하는 여성이주노동자들 또한 예기치 못했던 어려운 상황으로 인해 몸부림치고 있었다. 한국의 꽤 큰 식당에서 일하던 중국인 미등록 이주여성은 끊임없이 성희롱하고 성관계를 요구하는 지배인 때문에 고통스러운 나날을 보내야 했다. 끝까지 요구에 응하지 않자 지배인은 여성을 출입국관리소에 신고해 버렸다. 보호소에 갇힌 여성의 구조 요청에 민간단체가 합류하자 정부당국은 그에 대한 구금보호를 일시 해제하고 성희롱에 대한 법적 대응을 할 수 있도록 했다.

우즈베키스탄 출신 여성노동자 클라라와 마야는 취업을 시켜주는 줄 알고 속아서 한국에 왔다. 그러나 두 사람이 배치받은 곳은 유흥가의 클럽이었다. 두 사람이 클럽에 도착해서 가장 먼저 본 것은 먼저 와 있던 어떤 여성이 구타당하는 모습이었다. 숙소에는 모두 10여 명의 외국여성들이 있었는데 그곳 관리자는 '앞으로 도망치면 너희들도 이렇게 된다'고 위협했으며 '손님을 거절하면 맞는다'고도 말했다고 한다. 여성들은 첫 달 월급을 소개비로 내야 했으며, 계약을 어기면 2,000달러를 벌금으로 내야 했다고 한다. 두 사람은 클럽에서 일할 수는 없다고 결심하고 탈출해서 지원상담센터의 도움을 받았다.

네팔 출신 30대 여성노동자인 비말라는 한국 공장에서 일하던 중 사고를 당해 오른손을 잃었다. 다행히 산업재해보상보험으로 치료와 보상은 받았지만 한 손만으로 남은 삶을 헤쳐 나가기는 무척 어려운 일이었다. 비말라는 한 손으로 할 수 있는 기술을 배우기 위해 노력했으나 한국정부는 이주노동자에게 기술훈련 기회를 주지 않았다. 한국인 산재자에게는 재활취업훈련 기회가 폭 넓게 보장되지만 이주노동자에게는 교육에 필요한 비자와 언어훈련을 스스로 해결하라고 요구하고 있기 때문이다. 비말라는 보상금으로 받은 돈을 활용해 가게를 열어보려고 했으나 교육을 조금밖에 받지 못한, 한 손만 가진 독신여성이 할 수 있는 장사 또한 별로 없었다. 많은 여성이주노동자들이 이주노동 중에 산재를 당하고 그 후유증으로 고달픈 삶을 살고 있다고 한다.

말레이시아, 홍콩, 그리고 영국에서 가정관리사로 일하는 필리핀 여성들을 만나 이야기를 나눈 적이 있다. 그들의 공통점은, 다른 나라에서 다른 가정의 아이를 돌보면서 번 돈으로 자기 아이는 가족, 형제 혹은 친척들에게 맡겨두고 있다는 점이다. 그들의 꿈은 하루 속히 돈을 벌어서 고국에 돌아가 가족과 함께 살아가는 것이라고 한다.

아시아 지역의 경제적 불평등은 각 나라 노동자들 사이에 불공평과 불평등을 가져왔다. 임금 차이만 보더라도, 똑같은 일을 하는 일본노동자는 한 달 평균 3,500~4,000달러를 받고, 인도네시아에서 일하는 노동자는 50~60달러를 받고, 필리핀에서는 100~150달러를 받는다. 그런가 하면 인도네시아, 필리핀과 같은 나라는 농업국가에서 산업화되어 가고 있고, 일본과 신흥공업 국들은 인력부족 현상(특히 3D 업종에서)이 심각해지고 있다.

신흥공업국가와 중심국가에서 이주노동자 고용이 늘어나고 있는 현상은 이주노동자가 열악한 노동조건과 저임금을 받아들이기 때문이다. 그리고 무엇보다 이주노동자가 조직화되지 않았거나 또는 노동조합에 가입되지 않았기 때문이기도 하다.

그들은 사회적 권리도 자주 박탈당한다. 싱가포르와 대만에는 이주노동자가 합법적으로 유입되고 있으나 아주 특정한 산업에만 허용된다. 그들은 결혼이 금지되어 있다. 싱가포르는 여성이주노동자들에게 6개월에 한 번씩 임신검진을 하도록 하고 있는데, 만일 임신한 것이 발각되면 즉시 출국당한다.

이주노동자는 억압적인 이주 관련법이 존재하는 국가에서 불법체류자가 되곤 한다. 불법체류자가 되면 법적으로는 노동자로 인정받지 못한다(이와 같은 여러 형태의 차별은 국제 기준에 위반된다).

아시아의 여성이주노동자들은 정규직이든 비정규직이든 또는 불법체류 상태라도, 남편과 아이들뿐 아니라 부모님과 결혼하지 않은 동생, 실업자 형제자매들까지 책임져야 하는 가장이다. 남편이 외국으로 일하러 간 경우 여성들은 혼자서 집안을 돌보고 아이를 낳고 기를 뿐 아니라 다른 가족들까지 챙기고 돌보아야 한다.

아시아 여성의 절반이 넘는 여성들이 다른 나라에서 가정부나 공장노동자, 그리고 접대부(entertainers)로 일한다고 한다. 한정된 노동시장에서 여성은 자국에서든 이주한 나라에서든 착취와 차별로 고통당하고 있다.

아시아 여성 중에는 글을 모르는 이들이 많기 때문에 고용주와 송출업자, 직업소개소로부터 불이익을 당하기도 한다. 그들은 속아서 계약서에 서명하는 일도 많고, 글을 몰라 계약한 임금보다 적게 받는 일도 허다하다.

홍콩에서 일할 때 나는 이런 사람들과 자주 접했는데, 여성이주노동자들이 이런 문제로 노동법정까지 가기도 하지만, 고용주는 여성들이 속아서 서명한 계약서나 영수증을 증거로 들고 나온다. 여성들이 글을 모른다는 점을 악용한 수법이다. 이렇게 불이익을 당하는 일이 허다하다. 뿐만이 아니라 성희롱을 당하는 일도 많다.

또 한 가지 사건은 내게도 잊을 수 없는 사건인데, 방글라데시 출신 여성 가정관리사의 사례이다. 이 여성은 3년 계약으로 홍콩에서 일하고 있었다. 집 주인은 그가 영어를 모르는 약점을 이용해 임금을 주지 않았다. 임금을 요구하는 그에게 먹을 것과 잠 잘 곳을 제공하고 옷도 사 주는데도 고마워하지 않고 임금을 요구한다면서 오히려 야단을 쳤다는 것이다. 그런가 하면 그는 쉬는 날도 없이 일했다. 집 주인이 외출할 때면 그를 집 안에 가두고 밖에서 자물쇠를 채웠다. 어느 날 그는 자신이 마치 동물처럼 취급받는 것이 견딜 수 없어 탈출할 것을 계획했다. 그는 '도와주세요. 제가 갇혀 있어요'라는 글을 써서 창문을 통해 내보였다. 마침 그곳을 지나던 여성운동가가 그 글을 보고 경찰에 신고하여 강제로 문을 부수고 그를 구출했다. 그리고 주인에게 그가 그 동안 받지 못했던 임금과 정신적인 피해보상까지 받아 고향으로 돌아갈 수 있도록 지원했던 사건이었다.

필리핀 MORO(필리핀 남부 민다나오섬, 팔라완섬, 술루제도(諸島) 등지에 사는 이슬람 주민) 여성센터에 의하면, 1980년대 말부터 MORO의 젊은 여성들을 중동지역에 가정관리사로 보내기 시작했다. 여성들은 이슬람 국가에서는 필리핀 모슬렘 여성들이 일하러 가면 친절하게 대해 줄 것이라고 기대하며 떠났다고 한다. 그런데 어이없게도 그들 중 많은 이들이 성희롱을 당했다고 한다. 500여 명이 성폭행을 당하고 임금도 받지 못한 채 돌아와야 했다.

한 여성은 사우디에서 가정관리사로 일하다가 강간당하고 살해당한 채 시신이 되어 부모 품으로 돌아왔다. 그리고 쿠웨이트로 이주하여 가정관리사로 일하던 한 여성은 주인 남자에게 강간당한 후 임신하자 임금도 받지 못한 채 자기 물건도 챙기지 못하고 쫓겨 돌아왔다고 한다.

인도와 스리랑카의 일하는 여성단체에 의하면, 사우디로 이주

했다가 돌아오는 여성들은 얼굴도 창백하고 너무 지쳐 있으며, 가족의 부축을 받고서야 집으로 돌아가는 모습을 흔히 볼 수 있다고 한다. 또 어떤 여성은 3명의 남성에게 강간당하고 4층에서 떨어져 장애인이 되었다. 그녀는 아이들을 교육시키고 싶어 이주노동에 나섰던 것인데 오히려 장애만 얻은 채 돌아와 아무 희망도 없이 하루하루를 살아가고 있다고 한다.

이주노동자들은 1970년대에는 중동을 중심으로, 1980년대부터는 동아시아 지역으로 이주하고 있다. 그들은 주로 건설 현장이나 공장, 서비스 부문에서 일하고 있다. 노동 조건은 아주 열악하고, 권리도 보장받지 못한 채 학대와 착취를 당하고 있다. 많은 이주노동자들은 비합법적인 노동자이기 때문에 폭력을 당하거나 노동조건 등 모든 면에서 쉽게 피해를 보게 된다.

그럼에도 불구하고 이주민들의 숫자는 빠른 속도로 증가하고 있다. 특히 여성이 이주노동자로 나서는 경우가 점점 더 많아지고 있다. 필리핀은 가장 큰 노동력 수출국이다. 필리핀 여성노동자들은 해외에 간호사, 가정관리사, 서비스분야와 접대부 등으로 취업해 나간다. 그만큼 피해상황도 늘어가는 게 현실인데, 싱가포르에서 플로라(Flora)라는 여성이 살인죄로 사형선거를 받았고, 15살 된 사라(Sara Balubagan)는 고용주에게 강간당한 후 살해되었다.

일본 방문 중 어느 교회에서 운영하고 있는 외국인 여성 쉼터를 찾아간 적이 있다. 그곳에 머물고 있는 외국인 여성들은 대체로 타이와 필리핀 출신 여성들이었는데, 그들 중 과반수가 정신질환을 앓고 있었다. 그녀들은 돈을 벌기 위해 일본에 왔는데 그들이 보내진 곳은 술집이었다. 그들은 빨리 돈을 벌어서 고향으로 돌아가 작은 가게라도 차리려는 꿈을 가지고 일본에 왔는데, 돈은 벌기는커녕 몸만 망치고 집에 돌아갈 면목도 없어, 희망을 잃은 채 살아가다 정신질환까지 생겼다고 한다. 이러한 일들은 아시아뿐 아니라 전 세계에서 일어나고 있는 현상이다.

네덜란드의 술집과 섹스숍에는 '아시아 섹스시장'이라고 불릴 정도로 아시아 여성들이 많이 일하고 있다. 이들 중에는 태국, 인도네시아, 인도 출신으로 인신매매되어 팔려온 여성들도 많다. 네덜란드 민간단체는 이들을 보호하기 위한 대책으로, 이들이 노동자임을 인정하여 단결권과 교섭권을 주어야 한다고 요구하여, 이들의 권리가 법으로 보장받도록 했다.

세계적으로 이주노동자의 인권을 생각하는 사람들에 의해 '모든 외국인 노동자와 그 가족의 권리보호에 관한 국제 협약'이 이루어졌다. 또한 각국에서 자국 정부를 대상으로 이 조약에 비준할 것을 요구하고 있다. 그러나 아직 비준하지 않은 나라가 많아, 이를 위한 운동이 계속될 전망이다.

UN에 가입한 모든 나라가 비준한 UN 인권선언(UN Universal Declaration of Human Rights, 1948) 제1조에 의하면, 모든 사람은 태어날 때부터 자유롭고 존엄성과 권리에 있어서 평등하다. 그리고 어느 누구도 노예나 예속상태에 놓이지 아니하고, 모든 형태의 노예제도 및 노예매매는 금지된다(제4조). 그리고 제5조에 의하면 어느 누구도 고문이나 잔혹하거나 비인도적인 취급을 받지 아니하고 권위를 지닐 권리가 있다. 또 모든 사람은 생명권, 자유권을 누리며 안전하게 지낼 권리가 있다.

이러한 내용이 그저 종이 위의 글씨로 남지 않고 정책에 반영되어 우리 자매 형제들이 실질적인 보호를 받을 수 있게 노력을 아끼지 말아야 하겠다. 이를 위해 전 세계적으로 연대한다면, 이주노동자들을 위한 평등하고 평화 넘치는 내일을 열어가게 될 것이다.

여성의 자리, 여성은 어디에?

"여성은 새벽 4시 30분에 일어나 가정에서의 가사일, 직장에서의 일들을 끝내기 위해서 저녁 늦게까지 일한다. 일주일에 하루는 직장에서도 휴일이 있지만, 집에서 밀린 일을 해야 하기 때문에 더욱 바쁘게 움직여야 한다. 그러므로 여성노동자들은 건강이 약해지거나 병고에 시달리는 비율이 높다."

인도의 통계에 의하면, 여성이 6개월 산전 · 산후 휴가 중에 있을 때는 영아의 사망률이 낮게 나타나다가, 6개월 후부터 1년 사이에 1,000명 중 102명으로 나타났다.[1] 1890년대 방직공장 여성노동자들의 상황과 흡사하다. 그러나 다른 분야에서도 거의 비슷한 상황이라고 한다.

처음부터 여성들은 그들의 이중의 부담과 역할(가사와 직업, 어린이 돌보기 등)에 대해서 의식하고 있었다. 또한 여성들은 직장과 사회에서 그들의 이중적 역할에 대해서(모성보호, 탁아시설, 수유시간 등을 보장하지 않으므로) 존중받지 못하고, 임금도 적게 주면서 남성들만큼 일할 것을 요구당하고 있다.

성별 노동 분업화(Gender division of Labor)는 여성의 모든 생활에 영향을 미치고 있다. 우선 여성들을 가사노동에 전념케 하면서, 남성 중심의 임금 노동시장에서 여성을 계속적으로 제외하고 있다.

임금노동의 경우도 남자와 여자의 직종을 분리시켜, 여성은 아이 돌보기 등 단순노동에 국한시키고, 전망 있는 직업은 주로 남

---

1) 수자다 고토스카의 저서 『여성의 자리확보를 위한 몸부림(Sujata Gothoska, Struggling for Space)』.

성들에게 주어졌다. 넓게 말해서 세 가지 종류의 직업의 분업이 존재하는데(1.단순작업 — 기능적인 일, 2.여성의 직업 — 남성의 직업, 3.저임금 — 고임금) 여성의 직업은 단순노동에 저임금으로 겹쳐진다.

사회주의 여성해방론에서는 성별 분업은 가부장제의 물적 기초이자 가부장적 관계가 재생산되는 기초로서, 여성의 노동력에 대한 남성의 통제와 여성 억압의 핵심인 것이다. 가부장적 가족제도에서 남성은 가부장으로서 가족 내의 여성노동에 대한 통제권을 갖게 되며, 이러한 가부장적 노동 통제는 가족 내에만 한정되는 것이 아니라 자본주의 노동시장에 진입하기 이전과 이후에 여성노동의 조건을 구속하는 것이다.

아시아여성대회에서, 필리핀 여성노동자 조직가는 "여성의 중요한 적은 남성 우월주의(가부장제)이며, 또 하나는 자본을 중심으로 한 신자유주의이다. 자본주의는 남녀와 아이들의 노동력을 착취하며 환경을 마구 파괴하고 가난과 실업을 일으키며, 이에 저항 하는 노동자들을 억압한다. 또한 교육에서의 차별, 성희롱, 가정폭력, 고용차별 등의 환경을 만든다"고 주장했다.

역사적으로 세계 여러 나라들은 여자아이보다 남자아이를 선호해왔다. 여러 나라의 조사연구에서 남아 선호에 관한 심각한 보고서들이 있다. 인도의 한 조사보고에 의하면, 젖 먹이는 기간도 남자아이를 더 길게 먹이고, 음식, 교육, 훈련 등의 기회도 남자아이에게 우선순위가 주어졌다. 그렇기 때문에 여자아이는 육체적으로 약하며(영양분 섭취 부족), 자주 그들 자신이 작게 느껴지고, 인격적으로 별로 중요하지 않다고 생각한다고 지적했다. 만약 여자아이에게 교육의 기회가 주어진다 해도, 사회에서 여성이 하도록 구분지어져 있는 분야의 기능을 교육 받는다. 가족들은 여자아이보다 남자아이의 교육과 훈련에 돈을 더 쓰고 싶어 한다. 기업인들 역시 새로운 기계나 하이테크로 바꾸어 갈 때, 20~30년 일하던 장기근속 여성노동자들에게 기능 훈련을 시키기보다 이미 훈련된, 그리고 나이 어린 여성을 선호한다.

여성들은 언제나 임시 노동력의 공급원으로 인식되어 있다. 그래서 더 쉽게 해고되고, 필요시에 재고용되기도 한다. 그들은 노동자의 권리도 보장되지 않는 임시직, 시간제, 파트타임 등 취약한 노동계약을 맺게 된다. 자본가는 노동시장의 불확실성으로부터 보호하기 위해서 지속적으로 책임져야 하는 여성 노동력을 기피하고, 핵심 노동력으로서 남성 노동력을 선호한다.

어떤 사람들은 이것을 경제발전과 여성들의 삶의 관점에서 긍정적으로 본다. 돈을 벌 수 있는 기회가 늘어나는 것은 사실이다. 일부 영역에서 여성들은 삶의 조건을 향상시키고 있다. 그러나 혜택을 본 여성들에게도 반드시 남녀평등한 고용관계가 형성된 것은 아니다. 대부분의 여성들에게 취업은 많은 희생을 수반하고, 여성들은 더 많은 빈곤과 불안정한 고용에 직면하게 된다. 이렇게 여성들의 노동조건은 불안정하며, 불규칙한 시간, 높은 노동강도, 건강과 안전의 위험으로부터 보호를 받을 수 없으며, 승진의 기회도 잘 주어지지 않는다. 집 안에서나 직장에서나 남녀평등을 위한 보장도 찾기 힘들다.

우리나라는 노동시장 내 성별분업구조로 인해 여성은 주로 경공업, 저임금직종, 단순업무에 취업해 있다. 1992년에 여성노동자 중 고위관리자, 전문가, 기술공에 종사하는 여성은 9.8%에 불과했다.

불가리아의 섬유산업 성별분업구성(%수치는 여성)	
기업주	10%
경영자 급	20%
관리 행정	50%
생산노동자	90% (이 수치는 가내노동자를 포함한 것임)

*자료 : Bulgaria European Partnership Association

 반면 성 분업화는 그리 간단하지 않다는 것을 파키스탄의 조사 연구에서 볼 수 있다. 미싱사들이 주로 남성노동자이고, 여성노동자는 보조로 일하는 것을 자주 접한다. 큰 회사 같은 경우 남성은 미싱사나 기계를 다루고 여성은 포장과 품질 검사, 옷감 접기 등의 단순 노동을 하고 있는 것을 쉽게 볼 수 있다. 여성들이 고용되어 미싱을 다루고 있는 분야는 아주 작은 단위나 라인에서 찾을 수 있다고 한다.

 반대로 인도에서는 자유수출지역이나 큰 의류공장에서 여성이 대체로 재봉을 하고 있고, 남성들은 작은 단의 봉제 등을 한다. 이런 경우는 민족, 신분제도, 종교와 나이 등을 기준으로 다른 현상을 보여주고 있는 것이다.

 그렇다 하더라도 아시아 연구에서 나타난 것은 기업들이 젊은 노동자를 선호하여 나이 18~26세의 노동자를 우선 고용하는 반면, 불가리아에서는 섬유산업 여성노동자의 나이가 대부분 40~50대라는 것이다. 이런 현상은 이들 중년들이 더 기능이 높고 생산의 질이 좋기 때문이라고 한다.

 한편 젊은 여성들은 이웃 나라로 이민이나 이주를 선호한다고 한다. 이 나라의 가내노동자들은 나이가 많은 여성들로서, 가정에서 가사의 책임과 노동을 병행하고 있다.

여성이 계속적으로 수출산업의 저임금직종, 비정규직에 종사하는 한 그 지위가 향상될 가능성은 거의 없을 것이다. 일부 여성들이 획득한 경제적·사회적 수준의 향상은 그 미래가 불확실하다. 우리는 우리의 실직적인 경험을 통해, 신자유주의 하의 고용안정은 실질적인 안정과 무관하다는 것을 알게 되었다.

아무도 행복하지 않은 세계화? 세계화는 필연적인가? 많은 사람들은 세계화는 필연적이고 막을 수 없는 현상이라고 믿고 있다. 어떤 면에서는 그 말이 맞는다. 예를 들어, '컴퓨터 기술 발전'을 중단할 수 없다. 중요한 것은 현재 세계화는 힘을 가지고 있는 사람들의 이익을 중심으로 진행되고 있는 것이므로 현 상황들은 불가피하다 하겠다.

그러나 똑같은 방법과 상황들이 일어날 필요가 없다. 그러므로 우리는 이 모든 정책과 진행 과정에 대해서 관심을 보이고 질문을 던질 필요와 감시할 필요가 있다. 과연 누구를 위한 질주일까? 신자유주의적 세계화 정책 안에는 인간이 들어 있지 않다. 오직 경쟁과 경제, 돈의 힘만이 보일 뿐이다.

여기서 나 자신이 모든 상황을 분석하여 기록하는 데는 너무 많은 시간이 필요하고 또 내 능력 밖이라고 생각한다. 다만 지금껏 여성노동자들의 주변에서, 여성노동자들과 함께 신자유주의 하에서 파생되는 여러 상황들을 최소화하기 위해 저항하고, 대안을 만들어가기 위한 운동을 작게나마 전개해왔다. 여성노동운동을 시작한 지 17~18년, 그 동안 보아 온 여성노동자들의 현실과 함께 실천한 것들을 중심으로, 그리고 또 다른 많은 동료들이 세계 이곳저곳에서 시도하고 있는 운동들을 덧붙여 내 나름대로 서술해 보았다. 특히 섬유산업은 세계시장에서 자유무역의 가장 선봉에 서 있고, 여성들이 고용되어 있기에 많은 초점을 맞췄다.

세계여성노동자들은 여러 가지 이슈들에 대해 대항을 하고 있다. 특히 하청화 시스템이 확대되어 가면서, 여성노동자들의 고용이 늘어가고 있음에 주목하고 있다. 그들은 앞에서 살펴 본 바와 같이 열악한 노동조건 속에서 고통받으며 일하고 있다. 그런데 이미 적지 않은 여성들이 하청과 비공식 부분에서 일하고 있는데, 이런 시스템이 더욱 더 많아지고 있다는 것이다.

그 동안의 경험으로 볼 때, 국내에서 하청노동자를 노동조합으로 조직화하는 것은 어려운 일이고 또 엄청난 힘을 필요로 한다. 그러나 그들이 일단 조직되면 큰 힘을 발휘하는 것을 볼 수 있다. 이제 같은 회사의 하청노동자들이 서로 뭉쳐, 서구의 노동자 권리를 되찾기 위한 운동과 연대한다면 더욱 더 큰 힘을 낼 수 있을 것이다.

ILO가 창립된 이래, 기회와 대우에 있어서의 평등은 핵심 원칙이었다. 협약 제100호(1951) 동일가치 동일노동에 대한 남녀 노동자 동일 보수에 관한 협약, 111호(1958) 고용 및 직업에서의 차별대우에 관한 협약 등이 있다. 모든 정부는 차별을 철폐하기 위해 국가적 차원에서 정책을 마련해야 한다. 인종, 피부색, 성별, 종교, 정치적 신념, 출신국가, 사회적 배경 및 기타 이유로 인한 차별을 금지해야 한다.

제11조(1981)에 따르면 여성노동자는 승진, 직업훈련, 고용안정, 임금, 병가 및 유급휴가 등에서 동일한 기회를 가져야 한다고 되어 있고, 어떤 여성도 임신이나 결혼으로 인해 해고될 수 없다. 임산부들의 노동조건은 안전하고 건강해야 한다.

신체적, 언어적 성추행 및 성희롱에서도 자유로울 권리가 있다. UN 인권선언(1948) 제5조에 의하면 모든 인간은 잔인하고 비인간적인 처우에서 자유롭고 권위를 지닐 권리가 있다. 그러나 '성희롱'이 폭력으로 간주되어야 하지만 아직 명시되어 있지 않다. 또한 이러한 권리는 ILO 협약 어디서도 존재하지 않고 있다. 이 조항에 어떤 변화를 가져오느냐는 우리 여성들의 구체적인 실천 활동에 달려 있다.

노동 기준을 보장하는 것은 여성노동자에게 있어서 아주 중요하다. 여성의 임금 수준과 노동 조건은 남성의 수준에 못 미치고 있다. 이러한 불평등 때문에 여성 고용은 자유화와 함께 증가하는 현상을 보인다. 따라서 노동 기준의 악화가 미치는 여파는 여성들에게 더 심각하게 나타나며, 이는 가족생활의 질에 직접적인 영향을 미친다. 여성에게는 일하는 노동자로서, 어머니로서 보호받아야 할 권리가 있다. 여성들에게 최저 노동시간과 임금, 건강권, 안정권, 성희롱이나, 모성보호, 자녀양육권 등은 중요한 문제이다. 이러한 문제가 빠진 노동기준 논의는 여성에게 무의미하다. 이들을 확보하기 위해서는 모든 현장에서 강력한 활동과 국제적인 연대 캠페인, 그리고 정보교류 등이 뒷받침되어야 실질적인 효과를 낳을 수 있고, 우리들의 실생활에 존재하게 될 것이라고 생각한다.

제3부

희망의 대안은 주어지지 않는다, 만드는 것이다

희망의 대안을 만드는 운동
차별을 넘어!
위대한 여성들
협동조합으로 대안을 찾는 사람들

희망의 대안을 만드는 운동

세계화가 노동자들의 권리를 약화시키고 있다는 위기감이 고조되고 있다. 노동조합의 힘이 강하고, 노동자의 권리를 법으로 보호하는 나라에서는 기업이 값싼 노동력을 수입하거나, 주변국으로 자본을 이동하는 경우가 갈수록 늘어나고 있다. 결국 많은 노동자들이 일자리를 잃고 덩달아 노동자의 권리 또한 약화될 게 불을 보듯 훤한 일이다.

이런 여러 가지 부정적 요소와 현안에 대한 대책을 마련하고, 노동자 권리 보호를 강화하기 위한 여러 가지 방법들을 연구, 진행하고 있다.

노동조합과 소비자단체들은 현재 다국적기업에 압력을 가해, 노동 기준을 준수하도록 하는 운동을 전개하고 있다.[2] 또한 국경을 넘어 상호 협력하는 전략개발과 이를 실천하려는 노력도 하고 있다. 소비자운동도 소비자들과 함께 기업윤리 강령 제정을 위한 캠페인을 활발히 전개하고 있으며, 공정무역 네트워크의 수도 점차 증가하고 있다.

다국적기업의 지배력이 커짐에 따라, 많은 노동조합들이 노동자의 권익 보호를 위한 단체협상을 국제적인 차원에서 전개하려는 전략을 개발하고 있다. 국제적인 단체협상이 진행되면 노동조합 대표자들은 국경을 초월해서 노동 조건과 노동 기준을 위해 협

---

2) "알 권리와 협의할 권리"는 1994년 유럽연합의 사회지침(European Directive)에 따라 만들어진 기구이다. 이에 따르면 유럽연합 회원국에서 활동하는 다국적 기업들은 1996년 9월까지 유럽 종업원평의회를 설립하여야 한다. 평의회의 주목적은 노동자들에게 유럽지역 수준의 정보와 의사결정권을 제공하는 것으로, 다국적 경영진은 노동자들에게 공장폐쇄, 공장이동, 기업의 경제 환경 및 재정상황 등의 정보를 제공하여야 한다. 이에 따라 노사 합의 사항에는 건강, 산업안전, 환경기준 등도 포함되어 있다. 노동조합과 노동자들은 이 평의회를 통해 광범위한 주제에 관련된 정보를 요구할 수 있다.

상하게 될 것이고, 다국적기업은 주변국 노동자들에게 더 낮은 임금과 열악한 노동조건으로는 이익을 내지 못할 것이다.

1. 노동권 보호를 위한 무역 협정의 사회조항

노동권 조항에 관한 요구는 일부 노조와 미국의 AFL―CIO(미국노동총동맹―산업별회의)와 ICFTU(국제자유노동조합연맹) 같은 국제노동조합 연맹체들에 의해 진행되고 있다. 이 요구는 무역자유화와 세계화가 노동자의 권리를 약화시킬 것이라는 판단 하에, 노동자를 보호하기 위한 방안으로 사회조항을 다룰 것을 요구하고 있다. 노동자가 조직되어 조직의 힘이 강하거나 노동자의 권리보호가 강한 나라에서 값싼 노동력을 수입하거나 자본 이동을 할 경우, 기업의 도산과 노동자들의 실업이 발생된다. 결과적으로 국가와 산업 분야에서 노동자들의 권리가 약해질 대로 약해져, 노동자들의 권리가 세계적으로 낮아질 것이라고 보고 있다. 이것이 무역협정과 노동자들의 권리와의 연관성을 제고하여, WTO 회원국들이 최소한 ILO 핵심 협약을 준수하도록 WTO의 무역규정에 포함하여 논의되어야 한다고 주장하고 있는 것이다.

〈요구하고 있는 핵심조항〉
- 노조 결성의 권리와 단체교섭권
- 감금된 노동을 포함하여 강제 노동의 금지
- 아동 노동의 철폐
- 여성노동자에 대한 동등한 임금과 여성을 포함한 모든 분야의 노동자들에 대한 동등한 고용기회

이러한 권리들은 국제 무역과 연결되어 논의가 이루어져야 하고, 특히 세계무역기구의 다자간 협정에 포함되어야 한다고 요구하고 있다. 그러나 대부분의 여성들은 조직되기 어렵고, 단체교섭에 참여할 수 없어 희생되어 왔다. 여성들이 조직된다면, 여성들은 자신에게 필요한 것들을 더 쉽게 개선시킬 수 있을 것이다. 여성의 대다수가 비정규·비공식 분야에서 미조직 상태로 일하고 있는 현실에서, 필요한 조항이 빠져 있다는 것은 시사하는 바가 크다.

2. 남아공 노동자의 기본권리

1992년 남아프리카 지역 노동조합은 '기본 권리에 대한 사회헌장(Social Charter of Fundamental Rights)'을 만들었다. 직장에서의 권리와 함께 이 지역에 있는 모든 주민들에게 혜택을 주기 위해, 미래에 실행해야 할 권리도 광범위하게 포함하고 있다. 한 국가의 노동자들이 다른 국가의 노동자들과 경쟁하지 않도록, 사회헌장이 나온 배경과 이 모든 것을 정부가 법에 일괄적으로 반영하길 요구하고 있다. 대부분 정부가 말로만 그러겠다고 약속하고 있으나, 노동조합은 이 사회헌장이 실행되도록 하기 위해서 강력한 투쟁을 전개할 것을 선언했다.

〈기본 권리에 대한 사회헌장〉
- 기본적 인권과 파업권, 단결권, 민주노조 건설 등 노조 권리를 보장할 것
- 국제노동기구의 조약과 기준을 이행할 것
- 모든 형태의 차별과 착취를 없앨 것

- 고용안정을 보장할 것
- 최저생계 및 노동환경을 보장할 것
- 안전하고 건강한 노동환경을 보장할 것
- 투명한 운영을 위해 회사의 모든 정보를 완전히 공개하도록 법으로 제정할 것
- 사회보장 없는 강제 퇴직을 중단할 것
- 모든 단계에서 교섭과 협상권을 보장할 것
- 경제적 의사 결정에 노동자 및 노조의 참여를 보장할 것
- 여성과 관련된 권리를 보장할 것
- 교육훈련을 보장할 것
- 기본적 인권과 노동조합 권리를 모니터하고 개선할 수 있는 지역적 단체를 설립할 수 있게 할 것
- 지역적, 국제적 차원에서 연대를 구축하자

＊ Southern Africa Trade Union Co-ordination Council, 1992

　기업의 민영화, 해외 채권자에게 국민 경제 개방, 자국의 시장 보호법 후퇴 등으로 몰리고 있는 현 상황에서, 노동자들의 권리를 요구하고 있는 남아공의 사회헌장은 노동자들에게 희망이 될 것이다.

3. 국제적 단일 단체협약

　동일한 자본가를 위해 일하는 노동자들이 기업에 대한 정보교환과 함께 전 세계적 공동 전략전술을 수립해 간다면 노동자들의 힘은 강력해질 수 있다. 최근, 노동조합들은 특정 자본가들과 전 세

계의 노동자들에게 공통으로 적용하는 협약(Global Agreement)을 체결하려는 노력을 하고 있다. 자본가와 교섭하는 데 많은 노력이 소요되기에 이들 협약은 소수로 존재할지 모르나, 다국적 노동자들에게는 이러한 협약이 또 다른 가능성을 열어갈 수 있다고 본다.

1996년 4월 국제식료품노동조합연맹인 IUF는 프랑스의 식품 및 음료 제조업체인 다국적기업 '다농(Danone)'과 단체협약을 체결했다. '다농'사가 위치한 전 국가 또는 지역에서 온 경영 측과 노동조합 대표로 구성된 정보자문위원회가 만들어졌고, 이 위원회는 고용, 직업훈련, 노동자들의 경영정보 및 참여, 산업안전과 건강 및 노동 조건, 여성노동자의 평등 참여와 노동조합의 권리에 대한 보장 등을 교섭하고 실제적 조치를 취할 수 있다고 한다. 이 협약은 전 세계 '다농'사 노동자들에게 적용된다.

그 이후, IUF와의 단체협약에 따라, 각국의 'ACCOR'(프랑스에 기반을 두고 호텔 체인 및 조리업으로 132개국에서 영업을 하고 있는 회사이다)는 국제기준에 의거해서 노동조합 조직과 활동을 보장하고 노동자 대표들을 보호할 의무를 지니게 되었다. 이로써 노동자단체가 노동 기준과 노동권을 향상시키기 위해 세계적인 차원에서 단결하고 투쟁할 수 있는 길이 열린 셈이다.

노동자와 활동가들이 지역적 차원과 국제적 차원의 공동투쟁을 전개함으로써 노동자들의 권리를 보호하라고 기업과 정부에 압력을 가하기도 한다.

'리오 틴토(Rio Tinto)'사는 세계 제일의 민간 광산업체이다. 40개국 이상에서 5만 2,000여 명의 노동자를 고용하여 구리, 철, 알루미늄, 석탄, 다이아몬드, 금과 우라늄을 캐내고 있는 기업이다. 스페인, 칠레, 인도네시아, 남아공과 나미비아의 독재정권과 손을 잡아 왔었다고 한다. 1997년 세금 공제 이전의 이윤이 미화

19억 달러에 달한다. 호주, 브라질, 인도네시아, 노르웨이와 포르투갈 노동자들이 '리오 틴토'의 노동조합 탄압 위주의 노무전략에 공동대응하고 있으며 원주민들과 시민단체 및 환경단체들도 시위에 동참하고 있다고 한다. 1998년 초부터 국제화학, 에너지, 광산 및 일반노동조합 연맹(International Federation of Chemical, Energy, Mines and General Workers' Union, ICEMG)은 '리오 틴토'가 인권 및 노조 권리를 인정하고 환경수칙을 지키도록 압력행사를 하기 위한 여러 나라의 노조들과 네트워크를 구성했다. 이 네트워크를 통해 전 세계적 차원의 기업 활동에 대한 정보를 교환하여 시민, 환경 및 기타 단체들과 공동 대응하고 있다. 1999년 '리오 틴토'사의 호주와 영국 대표들이 모여 연례회를 하는 회의장 앞에서 노동조합 활동가들은 주주 활동가와 미국 원주민, 인도네시아, 나미비아 등 기타 지역 대표들과 공동으로 회사의 인권유린, ILO 기준 준수와 열악한 노동 상황과 환경파괴 현상, 악화되어 가고 있는 산업안전 등의 문제를 제기하며 가열차게 투쟁을 전개하기도 했다.

4. 기업의 기본적인 윤리

기업윤리강령(Company codes of conduct)은 기업의 횡포를 줄이고 노동자들의 최소한의 권리를 보장하기 위해 시작된 운동의 결과이다.

국제기구들은 여러 나라에서 자행되고 있는 다국적기업들의 노동자에 대한 비인간적인 처우에 주목하고, 이 열악한 환경을 개선하고 노동자들의 권리를 지키려는 노력의 일환으로, 1977년 기업윤리강령 초안을 마련했다. 그리고 수십 년 동안 다국적기업에 적용하기 위한 노력을 해왔으나, 결국 1992년 아무런 합의도 이루지 못한 채 폐기되고 말았다. 이 강령의 초안은 ILO가 작성한 것으로, 노조 결성, 단결권, 단체교섭권, 고용안정, 직업훈련, 산업안전, 평등 대우에 관한 조항이 포함되어 있었다고 한다.

그 이후, 노동조합과 사회운동단체, 소비자단체 등으로부터 저임금과 열악한 노동조건에 대한 항의가 계속되자, 기업은 자율적으로 윤리 규정을 채택하기 시작했다. 대중적 압력이 명목상으로 합의된 국제기준보다 더 효과적인 힘을 발휘한 것이다. 기업들은 긍정적인 이미지를 위해 나름대로 노력을 하고 투자도 하며, 열악한 노동조건에 대한 사회적 비난에 민감한 대응을 보이기 시작했다.

자율적인 기업윤리강령은 아주 포괄적이다. 산업보건안전, 노동시간, 동등한 기회와 관련된 내용뿐 아니라 환경보호에 대한 조항도 들어 있다. 이 강령을 채택하고 있는 기업들은 납품업체와 하청업체, 구매기업에도 적용되어야 한다고 요구하고 있다. 그리고 기업들이 스스로 적용하고 그 준수 여부를 스스로 감독하게 되어 있어서 잘 지켜지면 바람직하다 하겠으나, 실질적으로는 현장에 잘 적용되지 않고 있다.

한 예로, 리바이스(Levi co.)는 하청업체와 계약업체에게까지 효과적으로 적용되는 윤리강령을 채택한 모범적인 회사였다. 그러나 1992년 사이판의 한 공장에서 사건이 발생했고, 방글라데시와 코스타리카 등지의 생산 공장에서도 어린 여성노동자들이 하루에 16시간씩 일한다는 사실이 폭로되었다. 그리고 인도네시아의 납품업체에서는 여러 차례 노사분규가 발생했었다고 한다. 하지만 이 회사는 윤리강령이 엄격하게 준수되고 있다고 주장했다. 그 나라의 노동단체 활동가에 의하면 윤리강령을 지키면서 모(母)회사의 계약상의 주문을 완전히 이행하기란 불가능하다고 말한다. 그러므로 윤리강령을 잘 이행하고 있는지의 여부를 확인하는 독립적인 감시기구가 필요하다고 주장한다. 현재 노동조합과 민간단체들, 소비자단체들이 국제적인 연대체계를 갖추어 감시활동을 성사시키려는 노력을 진행 중에 있다.

5. 공정무역 네트워크
Fare Trade Network

민간이 중심이 되어 주도하고 있는 '공정무역 캠페인'은 소비자들의 힘으로 노동자들의 권리를 지지하는 운동이다. 이 공정무역 캠페인은 네덜란드에서 처음 출발하여 유럽의 여러 나라에서 활발하게 운동을 전개하고 있다.

그 특징을 살펴보면 첫째, 소규모 협동조합이나 공동체에서 생산하는 생산품을 직접 판매한다. 오랫동안 옥스팸(OXFAM) 등과 같은 유럽의 민간단체와 교회단체들은 후진국의 협동조합 등에서 만든 상품을 공정한 가격에 직접 수입하여 판매해 오고 있다. 이는 후진국 협동조합 공동체에게 공정 가격을 매겨 줌으로 생산자에게 도움을 주는 바람직한 소비자 운동으로 소비시장에 변화를 가져왔다. 이 운동이 몇 년에 걸쳐 성장하면서 국제적인 네트워크인 '국제 대안 무역연맹'을 구성하게 됐다.

둘째, 특정 상품의 공정무역을 위해 캠페인을 진행한다. 유럽의 민간단체들은 다국적기업이 주변국에서 생산하는 특정 상품에 초점을 맞춰 무역캠페인을 한다. 이 캠페인은 주변국의 노동단체와 함께하며, 소비자의 힘으로 기업이 하청업체에까지 공정하게 노동 기준을 준수하도록 압력을 행사하기도 한다. 최근에는 특허상 표제도가 많이 이용되고 있다. 소비자들로 하여금 어떤 제품이 공정하게 생산되는지를 알 수 있게 표기하는 방법으로, 환경에 대한 기준과 노동환경에 대한 기준, 그리고 수입원산지 등과 관련 된 정보를 실은 상표이다.

영국에 있는 공정무역재단은 공정무역 지침을 마련하여 기업이 이 지침을 채택하도록 권장하고 압력을 넣기도 한다. 현재 유럽 연합 차원에서도 공정무역에 관한 공통 기준과 감시 절차에 대한 논의가 계속되고 있다. 대체로 이들이 관계하고 있는 무역은 커 피, 차, 바나나, 코코넛, 소고기, 그리고 꽃 등의 농산물과 카펫, 의류, 신발, 장난감 등의 공산품이다.

2006년 6월 공부를 끝내고 유럽의 친구들을 방문하러 모처럼 여 행길에 올랐다. 유럽의 어느 나라에서든 공정무역거래 상점이 가 끔씩 눈에 띄었고, 트레이드마크가 부착된 물건들을 많이 볼 수가 있었다. 특히 초콜릿, 커피, 차, 과자류는 일반 상점에서도 흔하게 판매되고 있었고, 점차 소비자에게 익숙해져 가고 있었다.

또 다른 소비자 운동으로 '깨끗한 옷 입기 운동(Clean Clothes Campaign ; CCC)'이 있다. 이 또한 공정한 무역과 노동자들의 권리를 옹호하는 운동이다. 이와 같은 것으로는 영국에 '상표 뒤 에 숨어 있는 노동(behind label)'이라는 이름의 캠페인이 있다. 이 운동은 현재 판매되고 있는 의류품과 운동화 등에 대한 상품을 중심으로, 생산 과정에서 노동자의 인권침해가 있고 어린 여성노 동자를 착취하면서 만든 옷은 사 입지 말자는 것이다. 역시 네덜 란드에서 시작해 유럽 전역에서 활발하게 움직이고 있는 이 운동 은, 저개발국 노동단체 및 인권단체와 연대를 깊게 맺고 있으며, 국제본부를 암스테르담에 두고 있다. 1991년 방글라데시에 진출한 네덜란드의 의류공장에서 불이 나, 대형 피해를 입은 노동자들에 대한 기업의 책임을 요구하는 것으로 시작하여, 현재 전 세계 의류산업의 노동조건 개선을 목표로 캠페인을 전개하고 있다.

이 단체는 ILO의 기준을 바탕으로 노동 실천 강령을 만들어 공급업체이건, 하청이건, 생산업자이건 그 강령을 준수할 것을 강력히 요구하고 있다. 또한 기업들로 하여금 노동 조건 등에 대한 정보를 옷에 부착하여 소비자가 알 수 있도록 정보를 공개할 것을 요구하는 등, 다국적기업에 직접적인 책임을 묻고 있다.

다국적기업이 하청을 이용하여 제품을 생산하는 만큼, 직접적인 판매자뿐 아니라 모든 지역에 있는 가내노동자에 이르기까지, 전체 공급망을 이 강령 합의안에 포함시키려고 노력하고 있다. 다국적기업 중 아디다스의 경우, 전체 공급망이 강령 속에 포함되어 있고 상품을 생산하는 노동자들도 포함시키려는 노력을 하고 있다. 그 이유는, 하청은 초국가적 기업들이 자신들의 책임을 회피하기 위해 사용하는 중요한 방법이기 때문이다.

그러나 그들이 운동을 전개하는 데 겪는 몇 가지 어려움이 있다. 후진국 정부가 노동법의 적용을 강제하고 있지 않는다는 것이고, 또 하나는 정부가 노동관계를 규제할 권리를 방기하고 있다는 것이다. 또한 기업은 더 싼 생산비를 위해 국가, 공동체 그리고 노동자 간의 경쟁을 유도하고 있다. ILO와 같은 기관들은 강제력을 가지고 있지 않기 때문에 제한적일 수밖에 없으며 그 중요성이 점점 감소하고 있다. 이러한 맥락에서 볼 때, 깨끗한 옷 입기 캠페인은 핵심 조항뿐 아니라 생활 임금에 대한 요구까지 포함하는 기업윤리강령으로 발전시켰다는 점에서 그 중요성을 짐작할 수 있겠다. 그러나 아직은 네덜란드의 경총 일부 회원들만이 참여에 동의한 상태이다.

이렇듯 다국적기업이나 자국의 해외 투자 기업들이 주변국에서 부당하게 여성노동자를 착취하여 만들어 낸 물품에 대한 불매운동과 의식화운동은 주변국의 여성노동자들과 연대하여 악덕기업이 이 지구상에 발을 못 붙이게 하는 것으로 전개되고 있다. 그리고 우리가 입고 있는 옷, 신고 있는 신발, 먹고 있는 농산품 등이 어떻게, 어떤 조건으로 우리에게 왔는지를 알 권리가 소비자에게 있음을 잊지 말아야 한다. 이는 그것을 생산해내는 노동자들의 권익을 향상시킬 것이며 그리고 소비 시장의 변화에 큰 영향을 줄 것이다. 이 캠페인은 의류와 신발 산업에서 다른 산업으로까지 확대해 갈 계획을 세우고 있다.

　영국의 한 사례를 보면, 영국의 소비자들이 사측에 책임을 물으면, 대부분은 하청업체나 해외공장의 노동탄압은 자신들과 관련이 없다고 발뺌을 한다. 그러면서도 회사에 대한 인식이 나빠져 매출량과 투자량이 낮아질까 봐 긴장한다.

　영국에 '크리스찬 원조(Christian Aid)'라는 단체가 소비자들을 조직하여 대형 슈퍼마켓에 압력을 행사했던 일이 있다. 그들은 경영진에게 "당신의 상품을 생산하는 노동자들의 노동조건을 개선하길 바란다. 그렇지 않으면 우린 다른 곳의 제품을 구입할 것이다"라고 경고했다. 이후 다른 몇몇 굴지의 회사들은 노동자들의 권리를 일정 정도 인정하겠다고 스스로 기업윤리강령을 신설했다. 그리고 노동자들의 노동조건을 개선하기 위해, 어떻게 하청업체와 공급업자들에게까지 압력을 행사할지의 계획을 강령 안에 삽입하도록 했다. 이런 강령을 신설한 회사들은 주로 의류, 신발, 완구 및 식품의 제조업체와 소·도매업체이다. 소비자들의 압력에 위협을 느끼고 그에 대한 대응책으로 나온 조치이므로 확실히 성공한 사례라 하겠다.

이렇게 그들의 캠페인은 대체로 여성노동자가 집중해 있는 업종을 대상으로 하고 있다. 그러므로 이러한 캠페인의 방향과 목적을 결정하는 데는 여성노동자들의 입장과 견해를 충분히 들어야 하고, 또 여성노동자 당사자들의 적극적인 참여와 개입이 필요하다.

다국적기업의 활동을 통제하기 위한 그 어떤 국제적인 노력도 노동자의 권리를 옹호하기 위한 투쟁의 작은 부분일 뿐이다. 이러한 국제적인 전략은 노동자들이 자신들의 처지를 개선하기 위해 일상적으로 전개하는 노력을 강화할 때만이 의미를 가진다. 자신이 속한 현장과 지역 내에서 필요한 모든 것들을 개선하려는 행동이 핵심이며, 그것은 더 넓은 합의를 이끌어내기 위한 기초가 될 것이다.

아무리 훌륭한 법이 있어도 어떻게 지켜 나가느냐가 더욱 중요하다. 특히 기업윤리강령은 구속력이 약하고, 단지 소비자와 기업 간의 약속에 불과하다. 그렇기 때문에 확실한 고충 처리와 노동자들의 불만사항을 분명하게 제기할 수 있도록 하는 방안 모색이 필요하다.

6. 소비자 운동과 스리랑카 노동자

세계적으로 노동자의 권리를 보호하기 위한 캠페인들이 시도되고 있으며, 특히 유럽에서 그런 활동이 아주 활발하게 펼쳐지고 있다.

'깨끗한 옷 입기 운동(Clean Clothes Campaign ; CCC)'은 특별한 이슈가 있을 때 주로 캠페인을 통해 해결하려고 하는 소비자단체다. 그 동안 그들은 노동자들의 생활임금이나 자유로운 노동조합활동 보장과 부당한 해고 등의 이슈를 여러 가지 방법으로 알려 내고 압력을 행사하도록 캠페인을 전개했다. 또한 그들은 긴급도 움요청 시스템을 통해 직접적으로 노동자들을 돕기도 한다. 최근 에 그들은 긴급도움요청 시스템을 이용하여 스리랑카의 쟈쿠란카 (Jaqulanka) 회사의 노동조합을 인정하도록 하는 캠페인을 성공적 으로 이끌어 냈다.

스리랑카는 산업개발을 목적으로, 자유수출지역 내에서는 노동 조합을 설립하지 못하도록 법으로 금지하고 있었다. 그러다가 1999년부터 자유수출공단 법 규정이 바뀌어, 한 기업의 전체 노 동자들의 40%가 노조에 가입하면 단위사업장 노조를 설립할 수 있고, 기업은 이를 인정해야 된다. 그러나 자유수출지역 내의 많 은 기업주들은 이 새로운 법을 무시하고 회사의 노동조합을 인정 하지 않으려고 한다.

2003년, 카투나야 자유수출지역 내의 쟈쿠란카 공장에서는 400 명의 노동자 중 200명이 자유수출지역 노동조합(FTZ Workers Union)에 가입했다. 그러나 회사는 노동조합을 인정하지 않았고, 노동조합을 파괴하려고 온갖 수단을 동원해 탄압했다. 노동조합 간부들은 노동조합을 인정하지 않으려는 회사에 대응하기 위해서 전체 조합원을 모아 노동조합을 원하는지에 대한 찬반투표를 시 도했다. 그러나 회사의 여러 회유와 방해로 노동자의 4%만 투표 에 참여하는 상황이 되자, 노동조합은 즉각 기업의 불법적인 행 위에 대해 ILO와 공정노동협회(Fair Labor Association in the USA), 그리고 여러 단체에 협조를 요청했다. 곧바로 나이키 조사 단이 스리랑카 공장을 방문했고, CCC는 많은 소비자들에게 편지 를 보냈으며, 또 스리랑카 정부에게도 합법적인 노동조합 탄압을 중지할 것을 요구하는 항의 편지를 보냈다. 결국 쟈쿠란카 경영인

은 노동조합과 노조 대표를 인정할 것과 조합원에게 피해를 주지
말 것 등을 받아들이면서 국제적인 캠페인을 중지할 것을 요구했
다. 이는 연대투쟁을 통해 자유수출지역의 단위 노동조합 건설을
성공적으로 지켜낸 사례가 되었다.

7. 레소토(Lesotho) 섬유 노동자들을 돕기 위한 국제네트워크

2001년, '깨끗한 옷 입기 운동(Clean Clothes Campaign)'과 레
소토 의류노동조합연합(Lesotho Clothing and Allied Workers
union ; LECAWU)은 공동으로 섬유노동자들의 작업조건을 조사
했다. 그 결과를 가지고 기자회견을 열어, 섬유노동자의 문제에
대해 사회적인 관심을 이끌어냈다. 그리고 레소토 정부로 하여금
자체적으로 섬유산업에 대한 조사에 착수케 함으로써, 이들의 조
사연구는 소기의 성과를 얻게 되었다. 또한 영국의 캠페인 단체
인 '상표 뒤에 숨어 있는 노동'은 조사연구에서 나타난 작업조건
결과를 가지고, GAP 의류회사 본부의 책임을 요구하며 압력을
넣는 캠페인을 벌였다. 그 결과 GAP 사는 자체 조사에 착수하여
그들의 하청사인 레소토 의류회사를 조사했고, 결국 경영인들은
LECAWU를 인정하게 되었다.
캐나다에 있는 '기업윤리를 위한 행동 그룹(Ethical Trading
Action Group:ETAG)'과 '마퀼라 연대 네트워크(Maquila
Solidarity Network)'는 캐나다에 있는 의류상인 허드슨 베이
(Hudson Bay) 사가 레소토의 큰 의류공장 두 군데에서 상품을 납
품받고 있다는 사실을 알게 되었다. 두 캠페인 그룹은 허드슨 베
이 사의 불법적이고 정당하지 않은 행위를 알리는 캠페인으로 그

회사에 압력을 넣었다. 그러나 처음에는 레소토에 있는 Nien Hsing의 타이완 공장이 노동조합과의 협상을 거부했다. 그러자 북미와 유럽의 NGO들이 노동조합과 함께 조사한 결과를 가지고 보고대회와 기자회견을 여는 등 캠페인을 계속해 나갔다. 결국 Nien Hsing 사가 노동조합과의 협상에 응하면서 노동조합을 인정하는 역사적인 결과를 이루어냈다.

2002년, 한참 발전해가는 윤리강령을 통해 노동자들의 권리 찾기 운동이 활발할 때, 갑자기 많은 아카데미 사람들과 정책을 만드는 사람들 사이에서 '기업사회책임제(Corporate Social Responsibility)'에 대한 논의가 활발하게 일어났다. 캠페인을 통해 기업이 윤리강령을 받아들이고 나면, 다음으로는 기업의 사회 책임론에 대한 캠페인으로 바꾸어 나가야 한다는 것이다. 즉, 미디어를 통해 기업인들의 책임을 알리고 그 책임을 받아들이도록 해야 한다는 것이다. 그러나 노동자들의 기본권을 중심으로 한 윤리강령을 잘 실천하게 하는 것이 무엇보다 중요한 운동이어야 한다.

영국은 이 이슈를 NGOs(UK Trade Network) 네트워크에서 받아 논의했다. 이 그룹은 영국의 상품 공급자들의 체인 슈퍼마켓 등에게 노동 조건을 지킬 것을 요구하는 캠페인을 하던 단체들이다. 그리고 기업이 윤리강령을 잘 실행하고 있는지를 모니터하고 감시활동을 발전시켜나간 그룹이다. 1998년에 이 그룹들은 '윤리무역(Ethical Trading Initiative ; ETI)'을 조직하기에 이른다. 구성원은 노동조합과 기업 대표들 그리고 NGO들이 참여하도록 만들었다. ETI의 목적은 모니터를 실시하여 서로 협력 하에 조정하고, 기업 강령이 현장에서 잘 이루어지도록 하는 데 있다. 기업윤리강령은 노동자의 기본권과 ILO 협약에 기초하여 만들어졌고, 특히 조직할 권리가 중요하게 삽입되어 있다. 그리고 기업들에게 모두 이 강령에 서명할 것을 요구했다. 그 결과 영국의 거의 모든 의류소매상인들이 ETI에 가입했다. 현실적으로 소매상인들은 그들이 미디어를 통해서 드러나는 것보다 노동조합 및 NGO들과 일하는 것에 흥미를 갖는다는 것을 이 운동을 통해 알 수 있었다. 그들은 이제 하청노동자, 가내공업노동자들을 고용한 곳에서까지 윤리강령을 받아들이도록 하는 운동을 시작하고 있다.

이렇게 세계화 물결 속에서 점점 악화되어 가는 노동자들의 권리를 되찾고 보호하려는 시민들이 있는 한 노동자들은 외롭지 않다. 그들은 든든한 후원자들이며, 함께 새로운 사회 질서와 환경을 만들어가는 사람들이리라.

8. 노동자가 주체가 된 윤리강령

기업윤리강령은 주로 사측에서 자신들이 만들어 간직하고 있었다. 그런데 니카라과 자유수출지역의 여성노동자들은 자신들이 강령을 만들어 입주 기업과 정부 부처에 참여를 요구하고 있다.

몇 년 전, 캐나다의 '발전과 연대'라는 단체의 초대로 '세계화와 연대'를 주제로 한 워크숍에 참가한 적이 있다. 그때 주요한 프로그램 중의 하나였던 남미 방문이 1주일 간 계획되어 있어 남미의 몇 나라를 교환 방문할 기회가 되었다.

그중 니카라과에서 활발하게 움직이고 있는 여성노동자들과 만나, 이런 저런 경험을 듣고 나누는 시간들을 가졌다. 그들은 강령 (Code of Ethics)을 만들어 노동자 대중에게 교육하고 캠페인을 전개하고 있었다. 그리고 '존엄성이 보장된 고용을 원한다 (Employment Yes, but with Dignity)'는 슬로건을 가지고, 3만 명을 목적으로 한 서명운동과 미디어와 라디오 등을 통한 대중선전을 활발히 진행하고 있었다.

이때 우리는 니카라과 마리아 엘리나 여성회 MEC(The Maria Elina Cuadra Women's Movement in Nicaragua)라는 여성노동단체에 의해 계획된 노동부 장관과의 면담에 노동자들의 요구로 합석한 적이 있다. 이는 국제적인 캠페인을 하는 사람들과 함께해서, 그들이 노동자들의 요구를 무시하지 못하도록 힘을 실어 주자는 목적이 있었다. 40여 분 동안 지속된 면담에서, 노동부 장관은 노동자들이 내놓은 10대 조건이 담긴 강령에 동의하고 기꺼이 서명 날인했다. 노동부 장관은 "우리는 땅과 노동력을 제공한다고 했지, 일하는 노동자들을 착취하라고는 하지 않았다"라고 말하며 강력한 의지를 내보였고, 노동자 대표단은 그의 태도에 고무되어 더욱 용기를 냈다.

노동부 장관이 서명한 이후 자유수출지역에 입주한 23개 기업에서 이 강령을 준수할 것을 서명하도록 하는 데 성공했다. 강령에는 임신, 인종, 종교, 장애, 혹은 정치 성향에 대한 차별 금지와 자본가에 의해 신체적, 심리적으로 폭행당해서는 안 된다는 내용과 14세 이하 어린이 노동의 금지와 고용안전, 법정 노동시간외 노동에 대한 수당과 단결권 보장, 단체협상권 보장 등의 내용이 포함되어 있었다.

그러나 여기서 만족하지 않았다. 그들은 남미의 이웃 나라 노동자들에게도 선전하여 연대망을 구축하는 데 기여했고, 중남미 수출기업 여성노동자 연대(Central American Network in Solidarity with Women Workers in the Maguilas)의 지지 하에, 강령의 준수 여부를 모니터하는 역할을 해나갔다. 다른 중남미 나라의 노동자들도 이 윤리강령 지키기 운동을 채택하여 실천 활동을 하는 등

강령이 아름다운 종이로만 남지 않도록 하기 위한 노력을 활발히 전개하고 있다.

이 운동을 주도하고 있는 여성지도자 중 한 사람인 산드라 라모스(Sandra Ramos)는 "물론, 이 강령이 우리의 문제를 해결하지 못한다는 것을 잘 알고 있다. 이 운동은 우리를 돕기 위한 메커니즘일 뿐이다. 심각한 가난과 실업 문제로 인해 노동자들이 저임금과 열악한 노동 조건을 감수하면서 일할 수밖에 없는 이 현실은, 우리가 풀어야 할 중요한 과제이다."라고 조심스럽게 힘주어 말했다.

소중한 친구 산드라를 나는 지금도 자주 떠올리곤 한다. 그리고 그를 생각하면 나의 얼굴은 환한 웃음이 가득해진다.

내가 한국여성노동자회에서 활동하던 시절, 아시아 모니터 자료센터(Asia Monitor Resource center, Hong Kong)와 캐나다에 있는 '마퀼라 연대 네트워크'와 공동 주체로 남미 나라의 자유수출지역 여성노동자 조직활동가 교환방문 프로그램을 가졌다. 그들이 아시아를 방문했을 때, 그들은 자신들의 환경과 아시아의 여성노동자들의 환경이 비슷하다는 것을 깨달았고, 아시아의 조직운동이 자신들의 나라보다 앞서 간다는 것에 감동했다고 했다. 특히 조직 전략 등에 대한 공유를 위해 연대의 필요성을 느낀다고 했다. 그들의 조직력 역시 결코 약하지 않다. 그들은 다양한 방법으로 사회변혁을 위해 그들의 인생을 걸고 투쟁했다. 그들의 의식 또한 그리 낮지 않다. 그들의 정치의식은 아마도 우리 아시아보다 한 수 높을 것이다. 그들의 사회도 우리 아시아처럼 지독한 독재정부의 부정부패, 그리고 미국의 자본주의화와 오랫동안 싸워왔다. 지금은 휴전을 하거나, 투표를 통한 민주주의로 사회가 바뀌고, 정치도 탈바꿈하여 약간의 공간과 자유로움이 있어 다행이라고 하지만, 그들은 아직도 가야 할 길이 멀기만 하다고 말한다. 그들이 지혜와 연대의 힘으로 이루어낸 성과와 함께, 인간의 기본권을 지키려는 노력을 계속하는 한 그들이 희망하는 세상은 한 발 한 발 다가올 것이라 믿는다.

차별을 넘어!

1. 광범위한 차별

동등한 대우는 인권의 기본이다. 하지만 불행하게도 차별은 우리가 만든 노동조합에서도 존재한다. 잘 돌아가는, 또는 민주적으로 운영한다는 노동조합에서는 조합원들이 힘을 갖고 있다. 그래서 노동조합 간부들이 제기하는 문제는 다수나 혹은 지배적인 위치에 있는 조합원들과 긴밀한 관련이 있다고 본다. 그런데 문제는 여성노동자, 이주노동자, 비정규노동자 등을 배제하는 경우도 있다는 것이다. 차별은 전 세계적 차원의 인권 원칙에 위배된다. 따라서 노동조합이든 어디서든 간에 차별을 참아내서는 안된다. 이는 노동자들 간의 연대에 위협이 되며, 노동자들의 권리를 쟁취하기 위한 힘의 결집을 약화시킨다.

"법이 있는데도 난 여전히 직장에서 성추행당한다고요"라고 호소하는 목소리를 어디서든 들을 수 있다.

호주, 남아프리카공화국, 캐나다 등의 노동조합에서는 모든 노동자들의 권리를 위해, 가내노동자와 비공식부분 노동자들도 노동조합에 포함해야 한다는 인식이 높아지고 있다.

남아프리카공화국 노동조합은 독재정권 하에서 인종차별 정책에 맞서 기나긴 투쟁을 해왔다. 그런데 여성차별이 단지 사회와 직장뿐 아니라 노동조합에서도 존재함을 인식하고, 1991년 남아프리카공화국의 대표적인 노동조합인 코사투(Congress of South African Trade Unions) 제4차 대의원대회를 통해 직장, 노동조합,

사회에서 여성평등권을 쟁취하기 위해 계속 투쟁해 나갈 것을 선언했다. 유급 출산휴가, 남편의 양육휴가(Paternity Leave sharing the load), 유아원 설치 및 동일노동 동일임금과 승진에서의 동일한 기회 제공 등을 포함하고 있다. 그리고 노동조합은 여성지도자 향상을 도모하겠다는 약속도 했다고 한다.

2. 이탈리아의 주부노동조합

1995년 5월에 이탈리아에서는 주부들이 모여 "우리는 지금껏 가사노동에 대한 보답이나 인정을 받지 못하면서 집안에서 노예처럼 일하면서 살아왔다. 이와 같은 생활은 지금까지의 것으로도 충분하다. 우리는 더 이상 이 생활을 계속할 수는 없다. 그러므로 우리는 우리의 권리를 되찾기 위해 노동조합이 필요함을 인정하여 노동조합을 설립한다"고 천명했다.

1982년 80만 명의 회원이 중심이 되어 '전국주부연합회'가 조직되었다. 주부연합회의 창설자인 페데리아 로씨 가스파리니는 창립 연설에서 "주부 중심으로 세워진 주부연합은 900만 이탈리아 전업주부와 600만의 직장인이면서 동시에 주부인 여성들의 권리를 위한 캠페인을 하는 힘 있는 조직이 되기를 소망한다"고 창립 취지를 밝혔다.

주부연합회는 주부들의 이익과 연금을 받을 권리 등을 위한 압력단체로서 조직되었고, 오랜 논의 끝에 1995년 5월에 노동조합으로 조직 변경을 전체 선거를 통해 만장일치로 결의해냈다. 1995년 초 이탈리아 헌법재판소에서 가사노동의 경제적 가치는 집 밖에서의 노동과 동등한 가치를 갖는다는 결정이 선포된 직후

노동조합으로 조직 변경을 결정하기에 이른 것이다.

이탈리아의 중앙인 스파타운의 피우기에서 5월에 소집된 주부연합 총회에서 주부연합조직을 노동조합으로 발전시킬 때 5,000여 명의 회원 주부들과 호기심이 강한 남편들이 이 행사에 참석했다. 가스파리니가 회의장에 도착했을 때 회원들이 플라스틱 깃발을 들고 손을 흔들며 "선택의 자유"라고 외치는 모습은 마치 바다의 파도처럼 출렁였다. 가스파리니는 조용히 그의 손을 들어 흥분되어 있는 군중들에게 답례하면서 "승리는 우리 주부들의 권리쟁취이고 우리들 안에 있었다. 대중들의 노동의 개념은 집 밖에서 자본과 연결된 것만이 진정한 노동이라고 인정하고 있다. 우리는 지금부터 이 관념을 깨뜨려야만 한다"라고 역설했다.

주부들의 노동조합 결성에 대해 이탈리아의 몇몇 정치인들은 노골적인 불만을 나타냈지만, 주부노동조합은 그들의 경험을 이렇게 말하고 있다.

"지난 수년 동안 정치인들은 주부연합회에 무성한 공약으로 우리를 그들의 선거 캠페인으로 끌어냈다. 이를 통해 기우리오 안디레오띠 수상은 7번이나 수상에 당선되기도 했다. 정치인들은 당선 후 그들이 힘을 가질 때 그들이 약속한 내용을 모두 잊어버린다. 그들은 언제나 똑같이 여성을 무시하고 귀 기울이려 하지 않는 거만한 태도로 우리를 우롱한다."

처음 주부연합회가 조직되었을 때 이 조직은 단지 사회운동단체로서 사회 제반의 어려움을 돕기 위한 일이라면 무엇이든지 실천했다. 이를테면 아프리카의 고아들을 돕기 위한 모금운동, 각종 사고를 당한 시민들을 위한 보험안 개헌 등을 선정했는데, 노동조합 설립 후 그들은 정부에게 주부들의 이익을 위해서 주부 스스로 운영할 수 있는 연금제도와 예산을 세울 것을 요구하고 압력을 가하고 있다. 왜냐하면 주부가 연금을 받을 나이가 되면 그들이 많은 보험금을 낼 수 없기 때문에 아주 적은 액수의 연금을 받고 있기 때문이다. 그들은 가사노동의 대가를 특히 첫아이 출산 후 5년에 대한 고정임금으로 지급하는 제도를 요구했다.

주부조직을 노동조합조직으로 바꾸는 것은 쉽지 않았다. 많은 여성들이 선진적인 단체에 가입되는 것을 두려워했기 때문이다. 주부노동조합은 기존의 남성중심의 노동조합과 같은 기술과 방법을 사용하기 힘들다. 이를테면 이탈리아 철강노동조합의 투쟁인 4시간 전체 임금개선 파업에 동참할 수 없었다. 주부들은 파업을 할 수 없다. 주부들이 파업을 한다면 스스로와 자녀, 남편에게 상처를 줄 것이다. 주부는 '여보, 그리고 사랑하는 아이들아. 미안하지만 나는 파업 중이다. 그래서 나는 일을 하지 않을 테니 너희들의 음식을 스스로 준비하여야 한다'고 말할 수 없다. 가스파리니는 말했다. "우리가 만약 설거지를 하지 않는다면 그 다음날까지 그대로 밀려 있을 것입니다."

그들이 노동부 장관 티찌아노 트레우에게 면담을 요청했을 때 노동부 장관은 이를 묵살했다. 그후 그들은 유령의 옷을 입고 총리실 앞에서 데모를 했다. 며칠 후 트레우 장관은 주부들을 만나겠다고 했고 면담을 받아들였다. 이 자리에서 "우리는 우리를 무시하는 처사와 우리의 문제들을 솔직히 표현하려고 했을 뿐이다. 이탈리아 주부들이 정치인들에게는 유령처럼 보이는 듯하다. 그러므로 우리는 우리가 인간으로 인정될 때까지 이 자리를 떠나지 않을 것이다"라고 항의했다.

이탈리아의 주부노동조합은 그 동안 성분업화와 차별화되어 있던 주부들이 처음으로 조직한 노동조합으로서 큰 의미를 가진다.

그들은 그들이 희망하는 그날이 올 때까지 열심히 노력할 것이다.

3. 가사서비스노동자

여성들은 국내뿐 아니라 국외로 취업을 위해 떠나고 있다. 그 중에 가사서비스에 종사하는 여성들은 온갖 수모와 열악한 조건 속에서 일하고 있다. 그들은 자신들의 힘으로 스스로의 권리를 지키기 위해 힘을 모았다. 홍콩에는 주변의 여러 나라에서 들어와 가사서비스 노동자로 고용되어 있는 여성노동자들이 많다.

아직도 기억이 생생한 것은, 일요일이면 마땅히 갈 곳이 없는 가사서비스 노동자들이 부두 주변에 모여들어 장사진을 이루는 것이다. 필리핀, 타이, 인도, 스리랑카 등지에서 이주해온 이들은 각 나라별로 모여, 서로의 정보도 나누고, 각 나라의 음식도 만들어 먹으며 휴일을 보낸다. 그들이 고용허가를 받고 들어와 계약직으로 일하는 약점을 이용하여, 고용인은 정해진 임금도 다 주려 하지 않거나 자주 체불한다. 그리고 그들은 자주 성희롱을 당한다. 만약 이에 항의하면 계약을 파기하겠다고 위협해, 결국 송출업자에게 많은 돈을 주고 온 이들은 말없이 당할 수밖에 없다.

그들은 아시아 가사노동자 노동조합을 설립하여, 아시아에서 들어와 일하고 있는 노동자들을 조직하기에 이른다. 노동조합은 서비스노동자들의 기본임금 인상을 홍콩정부에 요청하는 운동을 전개하기도 하고 조합원들이 받지 못하고 있는 임금 받기 법정투쟁과 악덕 고용주에 대한 블랙리스트를 만들어 노동자들에게 선전하여 그 집에 가는 것을 막는 일 등으로, 서비스 노동자들을 보호하고 그들의 힘을 키워가는 일을 하고 있다.

인도에도 가사노동자들이 많이 있다. 그들은 거의가 글을 모르기 때문에 받는 불이익이 많다. 특히 성희롱 사건과 월급을 제대로 계산해주지 않는 일, 그리고 심지어는 그 가난한 여성이 실수한 것을 약점으로 임금을 지불하지 않은 채 쫓아내는 일들이 많이 있다. 경찰서에 가서 신고를 해도 경찰들이 그들을 천박하게 취급해, 이중 삼중의 차별로 고통받으며 생활하고 있다.

그들을 보호하고 도우려고 노력하는 단체에 의해 조직된 노동조합형 협회와 필요한 일을 돕고 직업을 연결해주는 센터형 조직이 형성되었다. 이 두 조직은 거의 같은 방법으로 가사노동자들을 보호하고 있는데, 상담을 통한 서비스, 일자리 연결, 정당한 임금 받아주기, 성희롱이나 다른 형태의 비인간적인 고용주에 대한 항의와 합의, 그리고 경찰서를 방문할 때 활동가가 함께 방문하는 일 등의 역할을 하고 있다. 그들은 노동 조건과 인격을 존중받기 위해서는 연대를 해야 한다는 목표를 가지고, 인도의 마하라시주의 서비스노동자 네트워크를 조직하여 가동하고 있다.

한국도 한국여성노동자회의 여성실업대책본부에 이어, 장기실업과 가정의 경제적인 어려움으로 새로이 노동시장에 진출하려는 여성들이 찾아가는 가사노동서비스 노동을 협동조합형 협회로 조직했다. 이 가정관리사협회는 2005년 조직되어 현재 9개 지부에 600여 명의 조합원이 가입해 있다. 여성노동자운동 단체들과 여성노동자들이 원하는 가족 간호 휴가, 그리고 제도는 있으나 실질적으로 사용하기 힘든 육아 휴가 등을 고용보험과 연결하여 대처하는 정책을 마련한다면 이 가정관리사 제도가 하나의 대안이 될 수 있다. 또한 가사노동을 노동으로 인정하도록 사회적 인식과 제도를 만들어 낼 수도 있을 것이다.

4. 여성노동조합 건설

'마리아 엘리나 여성회(MEC)'를 설립하는 데 중심역할을 한 산드라 라모스 회장은, "나는 16년 동안 여성에게 필요한 요구들을 노조가 받아들일 것을 요구했지만, 수출산업 여성노동자들은 더 이상 기다릴 수 없어 노동조합 조직가이기를 포기하고 나왔다"고 말했다.

수출산업공단에서 고용되어 일하는 여성노동자들은, 열악한 노동 조건, 차별대우와 폭력에 고통당하고 있다. 그래서 그들의 몇몇 동료들은 중남미 여성노동자 대표단과 함께 논의하는 자리를 갖기로 결정했다.

산드라 라모스는 노동조합 조직운동가로 활동하면서 자유수출공단 여성노동자를 조직하기 위해 노동조합이 여성노동자들의 문제를 다룰 것을 요구하다 지쳐, 노동조합을 떠나 여성노동자 단체를 설립하는 것으로 그 방안을 찾았다. 그들은 토론을 통해 서로 각기 다른 방법으로 활동을 하되, 공동의 목적은 여성노동자들의 인권이라는 것을 분명히 했다. 그리고 노동조합 조합원이 아닌 노동자 스스로가 그들의 윤리강령을 채택하기로 결정하고, 1년에 걸쳐 캠페인을 열심히 펼쳐 나아갔다.

1998년 산드라 라모스는 "노동조합에서는 비협조적이었고, 노동조합으로 들어와 조직할 것을 강요했으나, 우리는 우리의 캠페인을 통해 노동조건을 발전시키고, 또 자유수출지역 여성노동자를 조직할 것을 분명히 했다"고 말했다. 그리고 그들은 자신들이 희망하는 목표를 달성하기 위해 한 단계 한 단계 전진해 나아갔다. 이렇게 여성노동자와 활동가들은 여성노동자들의 목소리를 담아가는 방법을 다양하게 시도했다.

여성 문제가 노동 문제로 취급되지 않는 데서 여성들이 느끼는 고충은 참으로 컸다. 물론 여성노동자의 여성의식이 낮은 것도 사실이지만, 더욱 근원적인 문제는 여성 문제에 대한 노동조합의 무관심이었다. 노동조합에 여성부를 두고 있으나, 조합의 적극적인 지원이 따르지 않는다면 이 부서의 역할은 무의미한 것이 되고 만다. 설사 역할을 한다 하더라도 여성의 문제는 언제나 뒷전으로 밀릴 수밖에 없다.

몇 년 전 독일 베를린에서, 에버트 재단이 주최한 노동조합 여성 지도자 세계 모임이 1주일의 일정으로 열렸다. 세계 각국에서 참가한 여성노동조합 지도자들은 아시아 6개국과 남아프리카 5개국, 그리고 남미의 2개국, 동유럽 등에서 총 25명이 참가했다. 세미나 하루 전에 도착한 나는 호텔에 짐을 풀어놓고, 밖으로 나와 이곳저곳을 다니며 구경도 하며 남은 시간을 보내고 있었다.

다음 날 아침, 호텔 식당에서 아침 식사를 하려고 하는데 인도에서 왔다는 한 여성이 나에게 미소를 지으면서 다가와, 앉아도 되겠느냐고 물었다. 그는 전날 아침에 도착해, 지금까지 굶었다고 한다. 호텔에서는 주최 측에서 그날부터 식사를 제공하는 것으로 되어 있다고 해서 호텔에서 먹을 수도 없고, 그렇다고 밖에 나갈 엄두도 안 나고, 그러다 보니 혼자 호텔 방에서 물만 마시며 굶었다는 것이다. 조금 있으니, 아프리카 여성이 초대장을 들고 다가와 그 모임에 온 사람이라며 합석할 것을 원했다. 그 여성 동지는 남아프리카의 유명한 SACCAWU(South African Commercial Catering and Allied workers Union)에서 온 그 조직의 부위원장 줄리(July)였다. 그도 똑같이 전날 점심과 저녁을 먹지 못했다고 했다. 그렇게 해서 어느덧 테이블은 금방 국제화되었고, 독일에서의 경험을 서로 나누게 되었다. 유럽 문화에 익숙하지 않은 그들은 주최 측이 보이지 않자, 어떻게 해야 할지를 모른 채 그냥 주린 배를 부여잡고 배고픔을 견뎌 냈다는 것이다. 이렇게 각 나라에서 선출된 여성노동조합 간부들은 외국에서 그토록 많이 열리고 있는 노동조합 회의에 참가할 기회가 예전엔 주어지지 않았기 때문에 이러한 경험이 부족했던 것이다.

줄리는 그들이 그 동안 요구해왔던 여성 이슈들을 이야기하며 참가자들에게 많은 질문을 했다. 그가 속한 조직은 성산업 노동자도 노동조합에 가입시키고 있었고, 가정관리사, 청소부 등을 조직한 경험을 갖고 있으며, 남아프리카공화국의 대표적 노동조합인 코사투로 하여금 여성 이슈들을 받아들이게 하는 데 중요한 역할을 한 조직이기도 하다.

SACCAWU는 조합원의 80% 이상이 여성이라고 한다. 그들은 전국 성 위원회(SACCAWU National Gender Committee)를 구성하여 구체적인 캠페인을 전개했다. "성희롱에 저항하라. 나는 성적 노예가 아니다. 성희롱은 폭력이며 범죄이다. 이제 투쟁에 나서자" 등의 구호를 내걸고 전국 캠페인을 전개하면서 노총에도 그들의 요구를 받아들일 것을 주장했다. 결국 노총도 함께 이 캠페인을 진행하는 데 협조했다.

SACCAWU는 몇 년 전 부모 출산휴가를 단체협약 조건 중의 하나로 요구하여 타결하는 등, 여성의 요구를 구체적으로 노조 협약에 적용시킨 진보적인 조합이기도 하다.

그들의 출산 부모 휴가 제도의 필요성 그리고 경험을 중심으로, 대중교육과 선전용으로 발간한 『짐 나누기(Sharing the Load)』를 한국에서도 번역한 자료가 있다.

여성 스스로의 조직이 100년 전 덴마크에서 시작된 후, 미국의 세계산업노동자동맹을 중심으로 1912년 노동 조건과 여성의 참정권을 요구하는 파업을 진행했다. 그리고 1975년 9월 19일, 멕시코에 큰 지진이 발생해 의류공장이 집중되어 있는 건물이 하루 저녁에 무너져 내렸다. 이 재난으로 공장 기숙사에서 잠자거나 야간 근무를 하던 노동자들이 자재들과 기계에 깔리게 되었다.

이 소문을 듣고 달려간 노동자들이 본 정부와 경영인들은 자기 소지품과 자재들을 거두기에 몰두했을 뿐, 그 밑에 죽어 있는, 또 죽어가고 있을 노동자들에 대한 구조에는 별 관심이 없어 보였다.

이 자리에서 5,000명이 넘는 의류노동자들은 단결하여 조직을 만들고, 조직의 힘으로 동료노동자를 먼저 구출할 것을 요구하기 시작했다. 그리고 이어서 보상을 하지 않으려는 비인간적인 기업인들에게 정당한 보상을 할 것을 요구하는 운동으로 전환했다. 그들은 이 운동을 통해 자기들의 노동조건이 얼마나 열악하며, 위축된 상태로 억압받아 가면서 일했는지를 알게 되었고, 곧 그들만의 노동조합인 '9.19 노동조합'을 조직하기에 이르렀다.

드디어 1985년 10월 20일, '9.19 노동조합'은 전국섬유노동조합연맹으로 인준되었다. 그 이후, 노동조합은 4개월 동안 80여 명의 고용주에게서 지진으로 인해 실업자가 된 여성노동자 8,000명의 보상금을 받아냈다. 이들의 성공적인 투쟁은 많은 여성 섬유노동자들에게 용기와 희망을 주어, 더욱 더 많은 여성노동자들이 노동조합에 가입하게 되었다.

그런데 노동조합이 조직된 후, 다른 새로운 문제들이 생기기 시작했다. 비합법적으로 운영하던 소단위 섬유공장들과 규모가 작은 공장들이 폐업하거나 이 지역을 떠나 다른 지역으로 이동하는 일이 속출했다. 그러나 노동조합은 그들이 폐업하는 것과 지역을 떠나는 것을 막지 않았다. 그리고 조합원뿐 아니라 다른 많은 섬유공장 여성노동자들을 위한 여러 가지 서비스를 해가면서, 대안적인 모델로 노동조합과 여성노동자단체라는 양면의 조직으로 설정하여 운영을 계속해 나갔다 .

이 섬유여성노동조합은 조합원으로 함께 활동하지 못하는 여성들은 여성노동자단체로 조직해, 원하는 사람들이 참여할 수 있게 했고, 여성노동자에게 필요한 탁아소를 설립하여 운영했다. '9.19 노동조합' 중앙위원회와 대의원대회에 관심 있는 사람들이 참여할 수 있도록 개방하고, 그들의 운동과 운영을 투명하게 만들어 가고 있었다. 그들의 활동 경험은 많은 노동자들에게 용기를 주었고 또한 가능성을 심어주었다.

5. 비정규, 비공식 노동자들의 조직

1972년 인도에서는 가내공업노동자와 청소노동자 등을 중심으로 조직이 만들어졌다. 이와 비슷한 여성들의 조직이 남아프리카에서도 구성되어 활동을 전개하고 있다. 1970년 이후, 다국적기업들의 진출과 하청화되어 가는 세계 시장구조 속에서 가내노동자들이 계속 증가하면서, 고용이 불안정한 비정규, 비공식 부분 노동자들이 세계적으로 증가하고 있는 추세에 있다. 이들 대부분은 여성들이며, 법적인 보호도 받지 못하는 사각지대에 놓여 있다. 뿐만 아니라 자본과 노동의 관계마저 부정하는 경영 형태(특수고용 확대, 노동자를 자영업자로 둔갑시키는 형태)로, 사용주들이 노동권을 거부하는 경우가 빈번하게 일어나고 있다. 이에 맞서 현실의 문제를 반영하는 노동권뿐 아니라, 여성의 기본권리와 차별에 반대하는 평등권을 요구하며 여성들의 노동조합을 조직하는 새로운 운동 모색에 박차를 가하고 있다. 파트타임 중심인 일본의 여성노동조합들은 여성노동조합들의 힘을 결집하기 위해 전국협의회를 구성하려는 노력을 하고 있어, 곧 조직 결성을 눈앞에 두고 있다.

한국에서도 IMF 구제금융체제 하에서 200만 명에 달하는 실업 사태가 발생한 이후로, 고성장시대에서 이제는 저성장·고실업 시대의 구조로 옮아가고 있다. 당시 노동부 통계에 의하면, 1998년 5월 현재 노동자 100명 중 임시·일용직이 47명에 이르며, 이 중에서 약 55%가 여성으로 나타나 있다. 특히 IMF 구제금융체제 이후 여성노동자들과 비정규직 노동자들에 대한 우선해고가 빈번하게 발생하고 있다. 그러나 이러한 비정규직 노동자의 증가 속에서도 노동조합이나 비정규노동자 자신들은 조직된 대응을 하지 못하고 있는 실정이었다. 하지만 정규직노동자 중심의 기업별 노조체제에서, 확대되어 가고 있는 비정규직노동자들의 이해를 대변하는 것은 한계가 있다.

한편 비정규직 여성노동자들의 해고 문제와 정규직의 비정규직으로의 전환 강요에 대한 상담이 증가하고 있다. 이러한 현실 속에서 비정규직노동자들 스스로 대응력을 갖기는 더욱 어려운 일이고, 비정규직노동자들의 다양한 형태와 조건에 대한 특별한 관심과 사업을 구체화하지 않으면 이들의 실체조차 드러나지 않을 수 있다는 문제의식이 생겨났다.

이에 '한국여성노동자회'는 조직의 새로운 전략을 수립하기 위한 내부논의를 시작했다. 이 정책논의에서 여성노동자회는 전략적으로 비정규직, 영세사업장 미조직노동자와 가내여성노동자층을 설정하고, 새로운 조직모델로 지역여성노동조합 형태의 독립된 여성노동조합을 건설하는 것으로 결론지었다.

여성노동자 대중조직으로서, 비정규직 여성노동자들을 포함한

다양한 층의 여성노동자들을 조직하고 투쟁을 선도해 나가는 등, 여성 문제에 총체적으로 대응해 나갈 수 있는 조직으로 여성노동조합은 가장 큰 힘을 발휘했다. 이렇게 여성노동조합운동은 인간으로서의 존엄성과 평등을 구현해나가는 과정이고, 소외받고 차별받는 여성노동자들의 문제를 적극적으로 대응해낼 여성들만의 조직이 될 것이다.

드디어 1999년 한국에서 여성노동조합이 조직되기 시작했다. 한국의 여성노동조합은 민주노총에 가입된 '전국여성노동조합연맹'이 있고, '서울여성노동조합'이 있다. 서울여성노동조합은 법정투쟁을 통해, 취업을 준비하고 있는 실업자도 노동조합에 가입하여 조합원이 될 수 있다는 판결을 얻어냄으로써, 실업자들의 노동조합 가입을 가능하게 하는 데 기여했다.

'한국여성노동자회' 회원을 중심으로 조직된 '전국여성노동조합'은 10개 지부와 2개의 직할 지부에 7,000여 명의 조합원이 가입되어 있는 독립노동조합이다. 조합원들은 90% 이상이 비정규직과 계약직, 임시직 등에 종사하고 있는 여성노동자들이다. 지난 8년 동안 목소리 없는 비정규직 여성노동자들을 대변하고, 비정규직노동자들의 문제의식을 끌어내는 데 여성노동자회와 함께 크게 기여했다. 여성노동조합은 여성단체 및 다른 노동조합과 함께 최저임금 인상에 최선을 다했고, 비정규직노동자들의 권리를 세워 내는 데 앞장섰다. 그리고 단일 독립노동조합으로서, 다른 여성단체와 함께 연대하여 여성노동자들의 권익 향상과 평등의 그날을 위해, 다수인 빈민여성들을 대변하는 조직으로 그 길고 긴 여정의 길을 힘차게 걸어갈 것이다.

위대한 여성들

-가내노동자들의 운동

누가 그들에게 기대를 했을까? 행상, 쓰레기 줍기, 가내수공업으로 근근이 생계를 유지하던 그들이 힘을 모았다. 그 힘은 인도뿐 아니라 전 세계에 울려 퍼져, 비공식 부문에서 일하는 많은 여성들에게 희망을 주었다.

▶ 시간제노동자들의 평등노동권

시간제노동자에 대한 ILO 협약 제175호(1994)는 시간제노동자들에게는 전일제노동자들과 동등한 권리가 있음을 명시하고 있다. 시간제노동자는 노동조합에 가입할 수 있으며, 자본가들과 단체협상할 수 있고, 노동자들의 대표로 나설 수도 있다. 그들에게도 산업안전과 건강에 관한 권리가 있다. 시간제노동자들은 취업 및 직업에서 차별받지 않아야 하며, 전일제노동자보다 저임금을 받아서는 안 된다.

▶ 가내노동자의 동등한 권리

가내노동자에 대한 ILO 협약 제177호(1996)에는 가내노동자는 다른 노동자와 동등한 권리를 지닌다고 되어 있다. 그들은 조직을 설립하거나 가입할 수 있으며, 차별과 산업재해로부터 보호받아야 한다. 또한 사회보장제도, 산전·산후 휴가와 직업훈련을 받을 권리가 있다.

대다수가 여성으로 구성된 가내노동자들은 가장 취약한 노동집단 중 하나이다. 그들은 종종 노동자로 인식되지 못한다. 고용주들은 집에서 일하는 가내노동자들에게는 노동법이 적용되지 않는다고 주장한다. 가내노동자들은 최저임금보다 낮은 임금을 받으며 다른 노동자들이 받는 휴가, 휴일이나 병가휴가 및 여타 수당이나 상여금에서 제외되고, 가정에서 일함으로 인해 건강에 위협을 받기도 한다. 어린이들이 먼지, 위험한 화학물질과 날카로운 물건 등에 노출될 수도 있다.

그들은 흩어져 있기 때문에 조직화하는 데 어려움이 많다. 또한 고용안정을 보장받지 못하고 있을 뿐 아니라, 그들의 일은 부업이라는 인식이 크다.

1972년 인도에서 가내노동자들이 조직되었다. 옛날부터 가내노동자들이 풍부한 노동시장을 채우고 있던 인도에서 그들의 조직을 설립했다는 것은 획기적인 일이었다.

이 조직은 아무런 법적인 보호를 받지 못하는 열악한 환경 속에서 일하는 가내노동자들을 조직하여, 그 목소리를 세상에 끌어내기 시작했다. 1970년 초, 거대한 담배공장들이 문을 닫은 후 담배가공 생산이 가내노동자들을 광범위하게 이용하게 되는 상황은 그들의 조직을 더욱 가속화시켰다. 그리하여 1972년 공식적인 조직인 SEWA(Self Employed Women's Association)가 설립되었다. 그들의 조직력은 담배 가내노동자들의 최저임금제 적용을 성공적으로 이끌어냈다.

SEWA는 여성단체로, 노동조합으로, 또 협동조합으로 구성되어 있으며, 15만 명에 달하는 회원이 있다. 인도는 공식부문 노동자가 전체 노동자의 10%에 불과하고, 비공식부문 노동자가 90%에 달한다. SEWA는 가내노동자뿐 아니라 행상인, 농업노동자, 청소 노동자(쓰레기 줍기) 등도 조직하여, 노동자로서의 권리를 인정받고 노동조건을 개선시키는 목표로 활동을 전개했다.

이 운동을 통해 여성의 비공식 노동은 공식적인 노동으로 가시화되었다. 그들은 여성의 힘을 경제적 자립과 교육을 통해 키우려고 노력하고 있으며, 그들을 뒷받침해 줄 생산협동조합과 은행을 설립하여 운영하고 있다. 또한 법률상담소와 법 제정운동을 진행하고 있고, 직업훈련 사업과 건강센터 등을 운영하고 있다. 그들의 경험은 다른 나라 노동자들에게 모델이 되어 아시아뿐 아니라 세계적으로 비슷한 운동이 전개되고 있다.

대부분의 국가에서는 가내노동에 대한 국가적 관심이 부족한 상태이다. 정부의 관심부족 또는 가내노동 문제에 대한 인식이 결여되어 있기 때문이다. 따라서 가내노동 문제를 하나의 사회적 문제로 제기하고 이에 대한 인식을 확대해 나갈 필요가 있다.

아시아에서는 일본만이 유일하게 가내노동자에 대한 정기적인 조사를 시행하고 있는데, 노동성 산하의 여성국이 담당하고 있다고 한다. 일본에서는 '제조업 가내노동자 법'이 제정되어 시행되고 있고, 1977년 도쿄, 오사카, 나고야에서 제조업 가내노동 상담센터를 설립하고, 그 안에 여성을 위한 고용촉진센터를 설치한 바 있다. 이미 가내노동자들을 조직하여 전국 단위의 노동조합을 조직했고, 1981년엔 가내노동자의 노동조건 개선을 위한 캠페인을 벌였다. 1985년, 노동조합은 제조업 가내노동자를 위한 국가적인 캠페인을 10일 동안 실시하기도 하는 등 활발한 운동을 전개했다(일본에서는 일본인들이 신는 실내화 중 전체의 75%가 가내자영노동자들에 의해 생산되고 있다고 한다).

인도네시아에서는 1988년 ILO의 '가내노동자의 조직과 사회적 보호를 위한 프로젝트'를 필리핀, 태국 등과 함께 실시하여 사회의 관심을 모으려 시도했다. 그리고 노동부가 가내노동자들과 비공식부문의 노동자를 위한 프로그램을 만들어 지원하고 있다.

타이의 북쪽 치앙마이에서는 ILO의 도움으로 가내노동자 조직이 설립되었다. 홈네트(Home-net)에는 1,000여 명의 여성노동자들이 가입되어 있고, 그들에게 필요한 자금 등을 돕기 위한 신용협동조합이 만들어져, 그들의 자금과 예금 등을 조직적으로 이용하고 있다. 그리고 방콕의 빈민지역에 있는 가내노동자 조직인 '라지부라나(Rajiburana)'와 연합체를 구성하여 활동하고 있다. 그들은 1995년 상반기에 태국 가내노동자의 문제를 다루기 위해 담당부처, 노동과 고용부와 민간단체의 대표들이 중심을 이루어 협력위원회를 구성했다. 이 기구를 통해 가내노동자들에게 노동법이 적용되도록 활동을 하고 있으며, 그들을 보호하기 위한 방안을 마련하기 위해 노력하고 있다.

필리핀은 1989년 가내노동자들의 전국 연결망(Patamaba)을 결성하여, 현재 3천여 명의 회원이 활동하고 있다. 이 조직을 통해 가내노동자의 조직화 교육과 훈련, 사회경제적 지원, 로비 활동, 정책개발을 위한 활동을 전개하며, 정부로부터 재정적 지원도 받고 있다.

영국은 가내노동자 캠페인을 1980년에 라이체스터부터 시작하여, 가내노동자 자신들의 목소리로, 가내노동자들의 정책입안에 관여할 수 있는 통로를 만들기 위해 노력하고 있다. 그들은 가내노동자 문제를 시민들에게 선전하고 가내노동자의 노동권을 주장하는 운동을 전개하고 있다.

네덜란드의 경우, 가내노동자 지원센터를 개설하여 가내노동자의 존재를 가시화했다. 그리고 그들의 노동조건을 개선하기 위해 정부의 관심을 끌어냈으며, 정부는 그들을 위한 활동지원 사업을 진행하고 있다.

사회안전망을 요구하고 있는 남아프리카의 자영여성조합인 SEWU(Self Employed Women's Union)는 SEWA의 조직모델을 보고 가능성을 확신한 한 백인 여성의 도움으로, 비공식 여성노동자들을 중심으로 하여 조직되었다.

내가 만난 팟 혼과 진딜 노크들라미어니는 SEWU 회장과 부회장이었다. 이들은 국제연대를 통해 비슷한 여성조직들과 힘을 모아 여성들의 인간성 회복을 향해 전진하고 싶으나, 대부분의 회원들이 글을 모르고 컴퓨터 사용도 할 수 없는 처지라 어려움이 있다고 한다. 하지만 앞으로 대안을 마련해 그들의 경험을 나누고 또 다른 동지들의 경험을 배워, 가내노동자들의 힘을 키워나가겠다고 한다.

그들은 세계화로 인해 흘러 들어오는 수입품과 대기업들의 시장 독점 등으로, 경쟁력을 잃은 가내수공업 제품들은 시장에서 밀려날 수밖에 없다고 한다. 그러므로 시장에서 가내자영노동자들이 생산하는 생산품이 경쟁력을 가질 수 있도록, 정부가 적극적으로 자본과 기술을 지원할 것을 요구하고 있다. 또한 그들이 더욱 더 주변부로 밀려나지 않도록 사회 안전망을 만들어, 소외되지 않은 사회 일원으로 안전하게 살아갈 수 있도록 정부가 보호할 것을 요구하고 있다.

대체로 남미의 가내노동자들은 가정제품 제작에서 농업에 이르기까지 다양한 일을 하고 있다. 생산된 생산품을 시장에 팔기도 하고, 하청을 받아 일하거나, 공동체나 협동조합 등을 만들어 생산과 판매를 하기도 한다.

칠레에서는 가내노동자들이 1992년부터 조직되기 시작했고, 2002년 4월에는 노동조합을 결성했으나, 아직 교섭을 할 수 있는 단계는 아니다.

남미 대부분의 국가들은 스페인어를 쓰고 있는 까닭에 교류와 연대는 어려움이 많지 않다. 그러다 보니 남미 중심의 네트워크 (Home-net)가 구성되어 활발한 연대운동을 하고 있다. 그들은 공통의 문제인 저임금, 탁아 문제, 일하는 장소 문제, 부정기적인 일감 공급, 장시간 노동, 사회보험 가입, 시장 확보, 자금 문제와 약품에서 나오는 독성으로부터의 안전 보호 등의 문제를 해결하기 위한 방안을 논의하고, 연대활동을 전개해 나갔다.

그들은 첫 번째 연대운동으로 회원들이 의료보험에 가입하도록 교육하고, 각자의 집에서 하는 일들을 그룹 또는 조합 등으로 나눠서 함께하도록 하여 다양한 보호를 받도록 시도했다. 그리고 공동작업장 개설과 기능훈련을 통해 계절노동에 머물지 않고 다기능화하는 것을 정부에게 요구하여, 각 나라에서 적극적인 운동을 전개하고 있다.

터키, 포르투갈, 영국, 캐나다, 호주의 경우 가내생산품을 '깨끗한 옷 입기 캠페인'과 연결하여 판매망을 구축하려는 노력도 하고 있다고 한다. 가내노동자 보호법이 제정되고 세계화가 생산 라인을 주변국으로 옮기면서, 주변국에서 이민 온 여성들의 직업이 없어지고 실업화가 가중되었다. 그러자 그들을 중심으로 하청화가 이루어져, 가정에서 아이들과 하루 종일 일하는 사람들이 많아졌다고 한다. 뿐만 아니라 IT 산업의 발달로 컴퓨터 작업 하청이 가정에까지 들어가, 여성들이 집 안에서 작업하면서 가내노동은 더욱 다양화되어 가고 있다. 그들 또한 유럽 중심의 Home-net를 조직하여 서구와의 연대를 강화하고, 이를 통해 소비자 캠페인 단체와 긴밀한 전략과 전술을 개발하고 있다. 그리고 가내노동자의 권리와 고충 상담을 할 수 있는 원 스톱(one stop) 서비스를 계획하고, 정부의 재정 부담을 요구하며 공동운동을 펼치고 있다.

1995년 3월, 인도 아메다바드에서 열린 아시아 지역 가내노동자들의 연대와 실천을 위한 회의에 초대되어, 조직운동가 2명과 함께 참여했었다. 이 회의는 국제식품 노동조합과 국제화학 노동조합 그리고 국제노동기구 ILO, SEWA가 공동 주재하여, 한국을 비롯한 15개국에서 연구자와 활동가들이 함께 참가해 3일 동안 계속되었다. 이곳에서는 ILO가 그 동안 조사 연구한 아시아 지역 가내노동자에 대한 실태 보고와 더불어 가내노동자들을 위한 보호 대안을 주로 논의했다. 그리고 그해 6월에 열릴 ILO 정기총회에서, 가내노동자를 위한 협약과 보호조항 안을 정식 안건으로 다루게 하기 위해 ILO에 제출하기로 결정하고, 이 요구들이 ILO 회의에서 통과되도록 여러 가지 운동 전개하는 것 등을 논의하는 중요한 자리이기도 했다.

아시아 지역에는 인도의 SEWA가 중심이 되어 네팔, 파키스탄 등에서 가입한 남아시아 Home-net가 구성되어, 인도에 사무실을 두고 연대운동을 이끌고 있었다. 그리고 동남아시아는 타이의 가내노동자 연대와 Home-net 동남아시아 연대가 조직이 되어 말레이시아, 필리핀, 인도네시아 등의 가내노동자 그룹들이 연대 운동에 박차를 가하고 있다.

이렇게 조직된 Home-net는 1994년 설립된 국제 가내노동자 조직(International Network of Homeworkers)의 노력으로, 1995년 개최한 아시아 지역 가내노동자 연대와 실천회의에서 네트워크를 더욱 확장할 것을 결의했다. 그리고 현재 동남아시아, 남아시아, 아프리카, 중남미, 유럽 등 5개로 나누어 연대활동을 활발히 전개해가고 있다. Home-net International은 가내 노동자의 권리를 명

시한 1996년 ILO 회의에서, 가내노동자 협약을 마련하는 데 지대한, 그리고 아주 중요한 역할을 수행했다.

Home-net International은 시민단체, 생산 공동체, 노조, 연구자들, 여성단체들과의 연대와 노동조건 개선을 위한 국제캠페인을 진행하고 있다. 세계화 속에서 더욱 증가할 것으로 예견되는, 여성의 비공식화, 여성의 빈곤화로 사회 저변에서 고생하는 여성인권을 위해, 이들 운동을 지원할 그룹(여성운동가, 연구가, 노동조합 활동가 등으로 구성된 조직임)을 조직한다. 이러한 활동들을 통해 마침내 1996년 ILO 83차 회의에서 '96 가내노동협약'이라 부르는 협약을 통과시키는 데 기여했다. 이 협약은 10개 조항과 권고안이 있다.

국제노동기구 협약

1996년 6월 20일 자로 다음의 협약을 채택한다.

1996년 가내노동협약

제1조

a) 가내노동이라 함은 다음의 조건에서 가내노동자로 불리는 자에 의해 수행되는 노동을 말한다.

1) 사용자의 작업장이 아닌 자신의 주거 또는 자신이 선택한 장소에서

2) 보수를 받기 위해

3) 사용되는 설비, 완료, 기타 투입물을 누가 제공하는가에 관계없이, 사용자가 특정한 제품 또는 서비스를 산출한다.

b) 종업원의 지위를 가진 자가 단지 때때로 종업원으로서의 작업

을 통상의 작업장이 아닌 주거에서 수행한다고 해서 이 협약에
서 의미하는 가내노동자로 볼 수는 없다.

c) 사용자라 함은 자연인 또는 법인으로서 직접적으로 또는 중개
인을 통하여 자신의 영업활동에 쫓아 가내작업을 제공하는 자
를 말한다.

제2조 : 이 협약은 제 1조에서 말하는 가내노동을 수행하는 자
모두에게 적용된다.

제3조 : 이 협약을 비준하는 각 가맹국은 최상급 노사대표단체와
의 협의 및 가내 노동자에 관한 단체 및 가내노동자의
사용자 단체가 있을 때에는 그 단체들과의 협의를 통해
가내노동자의 실정을 개선하기 위하여, 가내노동에 관한
자국의 정책을 시행하고 이 정책을 정기적으로 재검토하
여야 한다.

제4조

1. 가내노동에 관한 국가의 정책은 가내노동의 특성을 고려하고, 적
절한 경우 기업 내에서 수행되는 동일 또는 유사한 형태의 노동에
적용되는 조건을 고려하여, 가능한 한 가내노동자와 다른 임금소
득자 간의 동등처우를 증진해야 한다.

2. 동등처우는 특히 다음과 관련하여 증진해야 한다.

a) 가내노동자들 스스로 단체를 설립하거나 선택한 단체에 가입하
고 그러한 단체의 활동에 참가할 권리

b) 고용 및 직업에 있어서 차별로부터의 보호

c) 산업안전과 보건에 있어서의 보호

d) 보수

e) 법정 사회보장에 의한 보호

f)직업훈련을 받을 기회

g) 고용 또는 근로가 허용되는 최저 연령

h) 모성보호

제5조 : 가내노동에 관한 국가의 정책은 법령, 단체협약, 중재재정, 또는 그 밖에 국내관행에 부합하는 적절한 방법에 의해 시행되어야 한다.

제6조 : 노동통계에 최대한으로 가내노동이 포함되도록 적절한 조치를 취하여야 한다.

제7조 : 작업장에서의 안전과 보건에 관한 국내법령은 가내노동의 특성을 고려하여 가내노동에 적용되어야 하며, 안전·보건을 이유로 일정한 형태의 작업과 일정한 재료의 사용이 가내노동에서 금지되는 조건을 설정하여야 한다.

제8조 : 가내노동에서의 중개인의 사용이 허용되는 경우, 사용자 및 중개인 각각의 책임을 국내의 관행에 쫓아 법령 또는 법원의 판결로 정하여야 한다.

제9조

1. 국내법과 관행에 부합하는 감독제도가 가내노동에 적용되는 법령의 준수를 보장하여야 한다.

2. 이들 법령의 위반에 대해 필요하다면 벌칙을 포함한 적절한 구제책을 마련하고 이를 효과적으로 적용하여야 한다.

제10조 : 이 협약은 다른 국제노동협약에 의해 가내노동자에게 적용되는 보다 유리한 규정에 영향을 미치지 아니한다.

이밖에 12가지의 가내노동 권고사항이 있다.

1996년 이후 각 나라의 정부는 가내노동협약을 인준하여야 하나, 아직 아일랜드와 핀란드 등에서만 인준한 상태이다.

Home-net는 ICFTU 등과 ILO 조직 안에 비공식 노동자를 위해 일하는 전문분과를 개설하여 비공식 노동이슈를 강화하도록 요구해, 2003년 90차 ILO 회의에서 공식의제로 비공식 분야에 대한 논의를 하도록 했다. 논의를 위해 ILO가 조사한 보고서인 '적절한 노동과 비공식 경제(Decent work and the Informal Economy)'를 토대로 비공식분야의 범위 등에 대한 토론을 끌어내기도 했다.

세계화 하에서 다각적으로 일어나고 있는 현상들은 우리만의 힘으로 해결할 수 없지만, 많은 동료들이 함께 고민하고 해결책을 모색한다면 마침내 자유와 평등이 넘치는 희망의 날은 오고야 말 것이다.

아무도 알아주지 않는 밑바닥에서 하루하루 생을 살아가던 이들은 버려진 종이쪽지들을 재생하도록 모아가며 더럽혀진 환경을 깨끗이 함으로써, 그 대가라고 할 수 없는 적은 돈으로 가난한 생활을 유지해 나가고 있었다. 그리고 바쁘게 거리를 행보하는 많은 이들에게 반가움을 주던 행상들은 반 평, 아니 한 뼘의 땅에 대한 세를 낼 수 없어 이리 쫓기고 저리 쫓기면서 불안한 행상을 하고 있었지만, 그들은 결코 외롭지 않았다. 그들은 스스로의 권리를 지키기 위해 힘을 모았고, 그 힘으로 그들의 꿈을 이루는 대안을 만들어 희망의 내일을 위해 열심히 공부하고 조직하고 투쟁했다. 그리고 운동을 통해 마음의 풍요로움을 찾았고, 그 풍요로움은 그들에게 용기와 자유로움을 가져다 주었다. 그들은 거기서 멈추지 않았다. 그들은 경험을 통해 얻은 가능성을 이웃나라, 아니 전 세계의 여성들과 나누었고, 그들의 노력은 마침내 국제적 연대를 만드는 데 기여하여, 1996년 ILO에서 가내노동자에 대한 협약을 끌어냈다. 이 경험은 많은 여성들에게 가능성을 심어 주었다. 그 누가 그들에게 이런 힘이 있다고 생각했겠는가? 그러나 그들은 위대한 여성이었다.

협동조합으로 대안을 찾는 사람들

1998년 유럽에서의 다각적 무역협약(MAI) 등의 저지운동의 성공과 1999년 시애틀에서의 WTO와 IMF 신자유주의 세계화 정책에 대항하는 민중운동에 힘 받아 이어진 세계사회포럼, "다른 세상은 가능하다"라는 주제로 두 번째로 열리는 2003년 브라질 포르트 알레그레(port Alegre, Rio Grande du sul, Brazil) 회의에 참가했다.

이 포럼은 유럽에서 활발하게 활동하고 있는 '금융거래 과세 시민연대(Association for the Taxation of financial Transactions for the benefit of Citizens;ATTAC)', 브라질의 무토지 농촌 노동자운동단체인 '땅 없는 사람들(Movimento des Travaldoves Rural's sen Terras;MST)', 브라질 노총연맹(CUT), 천주교 정의평화위원회, 시민단체연대 등이 중심이 되어 조직위원회를 구성하고 있다. 이 도시는 국민 참여 예산제도(각계각층의 국민들이 참여해 각 분야의 예산안을 만들고 결정한다)를 시도하고 있는 대표적인 도시이기도 하다. 또 개인적으로 존경하는 교육학자인 『페다고지』의 저자 파울로 프레이리의 고장이자, 무토지 운동(MST)과 페다고지운동의 발산지이기도 한 의미 있는 지역이다. 이 포럼에는 119개국에서 6만 여 명이 참가하여 100개의 세미나와 800개의 워크숍을 진행했다. 그리고 사회, 경제, 정치 이슈 등에 대한 현안과 성공사례들, 운동 전개 과정 등을 내용으로 내일의 다른 사회에 대한 가능성에 대해 토론했다.

이 사회포럼은 지난 9·11 사건 이후 처음으로 민중들의 힘을 과시했고, 서로의 운동을 다시 한 번 확인하는 자리가 되었다. 그리고 민중운동이 시작된 이래 더욱 더 커져가고 있음을 보여주었으며, 미래의 세계 민중운동의 가능성을 확인하고 연대틀을 다져가는 자리가 되었다. 또한 9·11 사건 이후 안보 이데올로기에 밀려 추락하고 있는 인권법 등으로 실망하고 지쳐 있던 서구의 운동가들에게 다시 한 번 가능성을 확인시켜 주는 자리가 되기도 했다.

회의가 끝나고 나는 이 포럼에서 만난 운동가와 다른 친구들을 통해, 1주일 간 무토지 운동을 하고 있는 농장지역을 방문했다. 이 지역은 무토지 운동을 통해 처음 얻어낸 결과물로, 놀고 있는 빈 땅을 농장으로 일구고 지역공동체 생활을 하는 곳이다.

브라질에는 전체 2/3에 해당하는 땅을 3%의 국민이 갖고 있다고 한다. 경작하지 않는 땅이 엄청나게 있는데도 가난한 사람들에게 그 땅을 사용하지 못하게 하는 땅 주인들과 주 정부들에 맞서 토지경작권을 쟁취하기 위한 운동을 전개한 농촌 노동자 운동이 있다. 이들은 브라질 헌법에 있는, '모든 땅은 사회에 유용하게 쓰여져야 한다'는 법 정신을 살리기 위해, 1979년 9월 7일 110가구가 처음으로 미경작지를 점령해 경작권을 요구한 것이 그 시작이었다. 이를 계기로 1981년 9월 28일 또 다른 미경작 단지를 점령했고, 1982년 11월에는 거리 대행진을 전개했다. 1985년 10월, 2,000가구가 함께 미경작 단지인 안노미(ANNOMI) 지역을 점령하여, 12월에 처음으로 이곳에서 운동의 결실을 맺게 되었다. 그리고 그들은 이곳에 정착하게 되었다.

하지만 이런 결과를 얻기까지는 무수한 희생이 따라야 했다. 그들을 몰아내려고 땅 주인과 경찰이 캠프를 부수고, 대열을 해산시킬 목적으로 달려오는 트럭을 막으려다 사망자가 속출했다. 싸움 도중 캠프에서 아이를 낳던 어머니는 아이를 잃고, 대열에 앞장서서 폭력을 막으려다 사망하기도 했다. 이런 무자비한 폭력사태를 지켜보던 교회 인권단체와 해방신학자 신부들은 이 운동의 정당성을 확산시키기 시작했고, 해방신학자 보프(Fr. Frie Leonardo Boff) 신부 등 많은 신부들의 동참으로 이 운동은 더욱 확산되어 마침내 성공으로 끝을 맺었다.

이런 경험을 바탕으로 MST가 발족되어, 전체 1,500만의 회원이 27개 주 중 23개 주에서 활발히 활동하고 있다. 그 결과 1,600지역에 2만 5,000 가구가 땅을 경작할 경작권을 갖고 농사를 짓고 있고, 현재 7만 가구가 미경작지를 점령하여 경작할 권리를 요구하고 있다고 한다.

내가 방문한 안노미 농장은 그들의 운동을 통해 얻어낸 땅 970 헥타르에 14 가구가 공동협동농장을 만들어 경작하고 있었다. 시가지에서 버스로 약 5시간 걸리는 거리에 있는 이 농장은, 처음 들어섰을 때 마치 서구의 농촌마을에 온 기분이었다. 사람들도 서구적으로 생겼고 집들도 비슷하게 지어져, 아주 평화로운 곳이었다. 들어가는 입구에 심어져 있는, 내 키만 한 오렌지 나무엔 열매가 열려 있었다.

우리들은 두 집에 나누어 안내되었다. 집은 그리 크지 않았지만 그들로서는 처음 가져보는 자신들의 집이었다. 우리는 그들의 안내로 우유가공 창고, 가축농장 등을 돌아보고 또 콩과 차 등이 자라는 밭과 공동판매장 등을 돌아보았다. 그리고 그들 지역에서 운영하는 페다고지 학교와 기능학교, 그리고 기숙사 등도 방문했다.

학교에서 선생님에게 학교 운영방법에 대해서 물었다. 한마디로 '찾아가는 학교'였다. 오전에, 특히 바쁜 철에는 3~4명의 학생을, 그 학생들이 있는 지역에서 공부할 수 있도록 선생님이 방문 교육을 하고, 오후에는 모두 학교로 와서 함께 수업을 한다고 한다. 그 선생님은 어느 창고 하나를 열어 교육부에서 나온 책이 쌓여 있는 것을 보여주며, "우리는 이 교과서를 이용하지 않습니다"라고 말했다. 그들은 어린이들의 경험과 지적인 머리를 중심으로 가르치고 배운다는 것이다. 그러면 어린이들이 상급학교는 어떻게 올라가는지 궁금했다. 학교 구조가 다르게 운영되어 이 학교 어린이들이 다른 교육구조에 적응이 가능하냐는 질문이 이어졌다. 상급학교로 간 학생들에 대한 선생의 평가는, 그들이 굉장히 적극적이고 참여의식이 강해 학교 학생들을 리드해 간다는 것이다. 바로 프레이리의 경험과 이론이 만나는 지점인 것 같았다.

우리가 동네에 있는 교회에 갔을 때, 그곳을 주민들이 아름답게 꾸미고 있었다. 다음날 있을 결혼식을 준비하고 있다고 했다. 그 교회 가까이엔 주민들이 운영하는 작은 슈퍼마켓도 있었다. 각자가 생산하는 생산품인 꿀, 차 등 농산물을 진열해 파는데, 공산품을 제외한 다른 상품들은 지역에서 나온 것들이다.

그들이 경작권을 받은 땅을 지목해 줄 때, 우리는 정말 놀라지 않을 수 없었다. 그 끝이 보이지 않을 정도로 넓었다. 아직도 개간해야 할 땅이 많이 남아 있다고 했다. 그들은 콩과 옥수수, 그리고 차를 재배한다. 그리고 낙농을 하여 아직 가공을 하지는 못하고, 큰 기업에 우유를 납품하고 있었다. 그들은 농장에서 얻어지는 수익으로 생활을 하는데, 분배는 한 가족에 몇 명이 며칠간 일하는가에 따라 달라진다. 생활비가 더 필요한 가정은 누군가 농장 밖 다른 지역으로 가 일자리를 얻어 일하고 있다. 필요한 고기는 농장의 땅 속에 큰 냉장창고를 만들어 공동 보관하고 필요한 만큼 가져다 먹는다.

이 농장에 살고 있는 14가구들은 MST를 지원하기 위해 1명의 전임 활동가를 파견하고 있다. 또 이 공동체에서 함께 살고 있는,

MST 중앙에서 파견된 부부 지도자들의 생활을 돕기도 한다. 참으로 아름다운 모습이었다. 그들은 자신들을 찾은 손님에게서 돈을 받지 않는다. 자신들의 소중한 동지이며 고마운 손님이기 때문이라는 것이다.

떠나기 전날 우리는 동네 사람들과 이별 파티를 함께했다. 이곳에서 그들이 직접 기른 가축 등으로 만들어진 전통 음식을 맛볼 수 있었다. 부부 지도자 집 정원에서 마련된 이 파티는 마치 잔칫집 같았다. 우리는 이 지역 주민과 활동가, 그리고 부부 지도자와 함께 모든 의문 나는 점을 논의하기로 했다. 그들이 직면한 어려움과 이 지역에 정착하는 과정에서 겪은 어려움, 그리고 MST 정책 등에 대해 우리에게 솔직하게 이야기해 주어 참 고마웠다.

안토니아라는 여성은 두 살 난 아이에게 젖을 물린 채 열정적으로 우리의 토론에 참여했다. 그는 여러 가지 어려움이 있었지만, 무엇보다 지금까지 노동자들에게 배어 있는 습관적인 농사로 인해, 새로운 가능성을 열기 위한 유기농법과 공동체를 만들어가는 것이 그리 쉽지 않았다고 한다. 그들의 생활 속에 깊게 박힌 습성인 비행기로 농약을 주는 농사법이나, 그들이 경작하던 콩 작물 등을 고집할 때는 힘들었다고 한다.

아직도 실험에 불과하지만 그들은 땅을 사랑하고 땅이 살아날 때 인간도 건강하게 살 수 있다는 희망을 가지고 열심히 살아가고 있었다. 이렇게 그들이 보여준 가능성은 인근 지역 나라에도 확산되어 남미에서 MST가 계속 활성화되고 있다.

많은 회원이 있지만 당을 만들거나 당 정치에 참여하지 않는다는 그들은, 대통령 선거를 앞두고 당에서 대통령 출마와 당의 요직을 주겠다는 제의를 받기도 했다고 한다. 하지만 MST는 정책적으로 조직적인 출마를 하지 않기로 했다고 한다. 그 동안 경험한 바로는 출마를 시켜 당선으로 이끌기도 했고, 당의 요구로 국회의원으로 보내기도 했지만, 4년 후 임기가 끝나면 그들은 정치권 주변을 맴돌며 돌아오지 않았다는 것이다. 결국 유능한 동지를 잃는 결과만 얻을 뿐이었다. 그뿐 아니라 정당정치에 나서게 되면 그들이 이루려는 가장 중요한 목적인 토지개혁 문제가 늦어질 것이라는 게 가장 큰 문제라는 것이다. 그들은 누가 대통령이 되든, 모든 야당들이 토지개혁에 동의하고 있으니 그들을 통해 정치적인 목적을 이루면 된다고 생각한다. 무엇보다 그들이 해야할 일은, 세계를 병들게 하고 있는 신자유주의화에 반대하는 운동을 전개하고, 그 대안으로 협동조합, 공동생산제 운동 등을 통해 열심히 활동해 나가는 것이라고 한다. 그들이 옳다고 믿는 실천 활동을 통해 다른 세계가 가능하다는 것을 보여주고 싶다는 열정적인 모습이 참으로 아름다웠다.

이 운동 속에서 여성들의 참여와 지도력 분배는 어떻게 이뤄지고 있는지 궁금했다. 젖을 물리고 우리에게 열심히 그들의 정체성에 대해서 설명하던 안토니아는 웃으며 말했다.

"처음 경작권을 쟁취하기 위해 싸울 때에는 여성은 언제나 강력한 지도력으로 그 대열 앞에 서 있었다. 그렇지만 정착하고 나면 여성의 지도력이나 참여는 아주 낮아진다."

여기서 나는 세계적인 고통의 언어를 다시 들어야 했다. 아직도 갈 길이 멀고 험하다고 말하며 말꼬리를 흐리는 그의 모습에서, 자신감 없는 쓸쓸함이 엿보였다. 하지만 그는 계속 그들과 함께, 그들의 동지로, 아이의 어머니로, 이 운동의 핵심지도자로서 밝은 내일을 위해 남미뿐 아니라 전 세계의 민중에게 희망을 주는 사람으로 남을 것이다.

2001년, 오스트리아를 방문했을 때, '깨끗한 옷 입기 캠페인'

그룹과 나는 남쪽에 있는 어느 작은 마을로 안내되었다. 이 마을은 빈에서 그리 멀지 않았다. 마을에 들어서자 다른 곳에서는 볼 수 없는 또 다른 분위기를 느낄 수 있었다.

그곳에는 아름다운 마을을 되살리기 위한 공동체를 만드는 데 도움을 줄 전문가가 있었다. 그는 시에서 5년 간 이 마을에 파견한 사람으로, 마을 사람들과 함께하면서 마을공동체 만들기에 노력하고 있었다.

유럽이 연합되면서 상품에 대한 가격조정 등으로 소 농업인이 살아남기 힘들어지자 낙농을 주업으로 하던 주민들이 하나 둘 마을을 떠나고 있었다. 가족이 도시로 일자리를 찾아가고, 또 출퇴근하는 사람도 소비는 마을 밖에서 하기 때문에 마을은 점점 황폐해질 수밖에 없었다. 이를 우려한 시장과 이 마을을 살리려는 주민들이 그 방안으로 마을공동체를 추진하게 되었던 것이다.

그래서 시작한 것이 마을에서 나오는 모든 농산물들을 이용한 농산물 박물관이다. 이 박물관은 마을에 있는 창고를 개조하여 만들어, 어린이들에게 자연을 접할 수 있게 해주는 자연학습관이 되었다.

박물관의 1층은 이 마을에서 생산되고 있는 여러 가지 과일과 농산물을 가공한 쨈, 피클 등 지역 주민이 만든 수제품들이 진열되어 판매되고 있었고, 그들의 집에서 만든 테이블보와 양초 등도 판매하고 있는 아기자기한 곳이었다.

농장에도 열린 공간이 마련되어, 아이들이 직접 말과 소, 양들에게 가까이 다가가 만질 수 있도록 해놓았다. 마을에는 식당이 하나 있었는데, 이 식당은 가족들이 외식을 하러 외부 도시로 가는 것을 막기 위해 만들어 운영하고 있었다. 이 마을 돈이 마을 안에서 돌게 하고, 필요하다면 물물 교환도 하면서 자체적으로 소비하고, 자체적으로 생활을 할 수 있도록 하기 위해 필요한 것들은 자체 내에서 해결하는 방법을 마련해놓고 있었다. 주민들은 피클과 쨈을 교환하고, 우유와 버터를 교환하는 등 물물 교환을 하고 있다고 한다.

또한 이 마을에서 생산이 가능한 마를 재배한 다음 가공해서 이 곳의 전통 옷을 만들어 판매하고 있었다. 그리고 오스트리아의 고급 전통의상을 주문 생산하는 양복점을 활성화하여, 마을의 젊은이들에게는 소중한 일자리가 만들어지기도 한다. 이 상점은 전통 옷을 한 벌 정도는 가지고 싶어하는 사람들에게 유명해져, 많은 사람들이 옷을 맞추려고 찾아오고 있었다.

이런 대안적 공동체마을을 시에서 적극적으로 지원해 주고 있었고, 시에 있는 많은 학교가 아이들의 학습장으로 알려져, 이 마을의 자연과 신선함을 즐기려는 시민들이 모여 들어 다시금 활기를 찾았다고 한다. 또 조용하고 깨끗한 마을공동체에 관심이 있는 나이든 사람들이 이 마을을 찾아, 구경도 하고 식사도 하고 상품도 구입하는 등 그들의 공동체 생활에 활기를 불어넣어주고 있다. 이렇게 한번 찾아온 사람들은 그들에게 찬사를 보내고, 또 새로운 가능성을 배워 가기도 한다고 한다.

이렇듯 대안을 만들어 열심히 살아가는 많은 소중한 동지들이 있기에, 우리는 그들과 함께 희망의 불꽃을 피워 갈 것이다.